21世纪应用型本科会计系列教材
根据新会计准则、新税法、新公司法编写

CAIWU KUAIJIXUE XITIJI

财务会计学习题集

（最新版）

◎主　编　张蔚文　凌辉贤　陈世文　彭文华
◎副主编　甘　敏　范时云　夏唐兵　刘　丽　欧阳春云

西南财经大学出版社

图书在版编目(CIP)数据

财务会计学习题集(最新版)/张蔚文,凌辉贤,陈世文,彭文华主编.—成都:西南财经大学出版社,2013.8

ISBN 978-7-5504-1077-0

Ⅰ.①财… Ⅱ.①张…②凌…③陈…④彭… Ⅲ.①财务会计—习题集 Ⅳ.①F234.4-44

中国版本图书馆 CIP 数据核字(2013)第 120082 号

财务会计学习题集(最新版)

主　编:张蔚文　凌辉贤　陈世文　彭文华

副主编:甘　敏　范时云　夏唐兵　刘　丽　欧阳春云

责任编辑:李特军

助理编辑:李晓嵩

封面设计:墨创文化

责任印制:封俊川

出版发行	西南财经大学出版社(四川省成都市光华村街 55 号)
网　　址	http://www.bookcj.com
电子邮件	bookcj@foxmail.com
邮政编码	610074
电　　话	028-87353785　87352368
照　　排	四川胜翔数码印务设计有限公司
印　　刷	郫县犀浦印刷厂
成品尺寸	185mm×260mm
印　　张	13.5
字　　数	310 千字
版　　次	2013 年 8 月第 1 版
印　　次	2013 年 8 月第 1 次印刷
印　　数	1—4000 册
书　　号	ISBN 978-7-5504-1077-0
定　　价	26.00 元

最新版说明

由于对《财务会计学》进行了新的修订，所以，其配套教材《财务会计学习题集》必随之修订，以保证与修订后的最新版《财务会计学》教材内容一致。

《财务会计学习题集》（最新版）修订工作由张蔚文教授主持，参与修订的教师还有凌辉贤副教授、陈世文副教授、彭文华副教授、甘敏副教授、夏唐兵讲师、范时云讲师、刘丽讲师、欧阳春云讲师等。受編者水平限制，本习题集中难免差错，敬请读者指正。

编者

2013 年 7 月于广州华南师范大学增城学院

编写说明

本习题集是21世纪应用型本科会计系列教材《财务会计学》的配套教材。针对《财务会计学》的每章内容，按普遍采用的单项选择题、多项选择题、判断题、简答题、业务处理题等题型分别列出习题。通过习题练习，可以帮助读者比较透彻地掌握各章的概念、原理及业务处理方法。本习题集适合学习《财务会计学》需要多思考、多动手练习的特点，旨在提高学生的学习效果。

本习题集由张蔚文教授提出编写大纲，由张蔚文、熊建设、邱志德、姚忠云、陈世文、曾松、徐慧、邓巧飞等老师具体编撰，孙勇老师参与了文稿输入，熊建设副教授对本习题集进行了初审，最后由张蔚文教授复审定稿。

由于编者水平有限，书中不妥之处，恳请读者指出。

编者

2007年7月9日于广州

目 录

参考答案

第一章 绪论习题

一、单项选择题

1. 财务会计目标的基本立足点是（　　）。
   A. 证券市场的发达与否　　B. 经济体制
   C. 税收体制　　D. 生产关系
2. 财务会计的主要职能是（　　）。
   A. 向内部管理人员提供决策需要的信息
   B. 预测企业未来趋势
   C. 进行成本控制
   D. 向企业外部信息使用者报告关于企业的获利能力、财务状况及现金流量等会计信息
3. 一国的财务会计目标最终取决于（　　）。
   A. 法律环境　　B. 社会经济环境
   C. 政治环境　　D. 证券市场的发达与否
4. 财务会计区别于传统会计的关键是（　　）。
   A. 必须遵循公认会计原则或企业会计准则的规范要求
   B. 主要用货币计量的财务信息
   C. 财务会计的循环程序比较固定
   D. 会计信息生成的数据是以历史成本为主
5. 财务会计的整个会计处理程序必须遵守（　　）的规范要求。
   A. 公司法　　B. 公认的会计原则或企业会计准则
   C. 破产法　　D. 注册会计师法
6. 财务会计反映的信息着重于（　　）。
   A. 预测未来的信息
   B. 不限于货币计量的任何针对性信息
   C. 可在任何时期反映的信息
   D. 过去的、以货币计量表示的概括性信息
7. 下列不属于财务会计特点的是（　　）。
   A. 财务会计的主体是整个经济实体
   B. 财务会计的服务对象主要是企业外部有关方面
   C. 财务会计的加工对象是已发生或已完成的交易事项数据
   D. 财务会计的工作主要是制订有关预测、指导、评估和控制企业拥有的资源

二、多项选择题

1. 会计理论与方法随着企业内、外对会计信息要求不同而分化为（　　）。
A. 财务会计　B. 成本会计　C. 管理会计　D. 预算会计

2. 财务会计与管理会计存在着明显的区别，主要表现在（　　）。
A. 资料的收集和管理方面　B. 遵循的规范要求方面
C. 信息的反映方面　D. 报告的格式方面

3. 财务会计运用了若干普遍接受的会计惯例，表现在（　　）等四个主要加工程序中保留了传统会计中的一些精华。
A. 对会计要素的确认　B. 对会计要素的记录
C. 对会计要素的计量　D. 对会计要素的报告

4. 财务会计产生的会计信息具有的特点是（　　）。
A. 会计信息生成的数据是以重置成本为主
B. 会计信息生成的数据是以历史成本为主
C. 主要用货币计量的财务信息
D. 会计信息生成的数据是以可变现净值为主

5. 影响财务会计目标的因素有（　　）。
A. 经济体制　B. 证券市场的发达与否
C. 税收体制　D. 筹资方式

6. 财务会计强调的会计记录的三性是（　　）。
A. 连续性　B. 系统性　C. 一贯性　D. 全面性

7. 下列国家中财务会计目标以税收为导向的是（　　）。
A. 美国　B. 日本　C. 德国　D. 法国

8. 下列表述正确的是（　　）。
A. 财务会计和管理会计在资料的收集和管理方面有规定的程序
B. 财务会计的会计计量采用历史成本计价
C. 财务会计必须具备五个基本前提条件
D. 财务会计与传统会计一样，会计的确认是以权责发生制为基础

9. 财务会计主要向企业外部利益关系集团报告企业下列整体信息的（　　）。
A. 企业期初（一般为年初）的财务状况
B. 企业在期间（一般为一年）的经营、投资和理财等业绩
C. 企业在期内（一般为一年）的现金流入、流出和现金资源的变化
D. 企业期末（一般为年底）的财务状况

三、判断题

1. 管理会计的服务对象主要是企业外部有关方面。（　　）

2. 税法要求计税按会计利润进行，则税法需要为会计服务。（　　）

3. 由于国内外财务会计在提供信息和信息偏向上因为信息使用者对信息的需求不同有所不同，所以财务会计的总目标是不同的。（　　）

4. 日本财务会计的目标是强调多元化的会计信息使用者，但主要倾向于保护股东利益和潜在的投资者，会计不以税收为导向。（　　）

5. 管理会计所提供的对内信息的内容比财务会计所提供的对外信息的覆盖面更广、更详细，结构松散、形式灵活多样，具有有效的针对性。（　　）

6. 财务会计的主体不是整个经济实体，仅仅单独揭示企业内部某一部分或某一项具体业务的经营成果情况。（　　）

7. 财务会计与管理会计的最终目的都是为了改善经营管理、提高经济效益。（　　）

8. 到目前为止，财务会计还没有一套比较完善的、定型的、被大家公认的制度规范。（　　）

9. 财务会计有规定的或公认的格式，比如资产负债表、利润表、所有者权益变动表、现金流量表、附注等。（　　）

10. 管理会计和财务会计在最初收集的原始资料以及在收集资料后所进行的处理都是不一样的。（　　）

四、简答题

1. 简述财务会计的定义。

2. 财务会计的目标是什么？

3. 财务会计的特征体现在哪些方面？

第二章 企业会计准则习题

一、单项选择题

1. 我国会计准则体系的第一层次是（　　）。
A. 基本准则　B. 具体准则　C. 应用指南　D. 应用性准则
2. 具体准则是根据（　　）来制定的。
A. 一般业务准则　B. 特殊行业的特定业务准则
C. 基本准则　D. 应用指南
3. 固定资产准则属于（　　）。
A. 基本准则　B. 企业会计准则应用指南
C. 具体准则　D. 报告准则
4. 商誉属于（　　）。
A. 流动资产　B. 非流动资产　C. 固定资产　D. 负债
5. 反映企业在某一特定时日的财务状况的是（　　）。
A. 资产、负债、所有者权益　B. 资产、收入、费用
C. 收入、费用、利润　D. 所有者权益、收入、利润
6. （　　）是所有者对企业资产的剩余索取权。
A. 资产　B. 费用　C. 收入　D. 所有者权益
7. 强调不同企业会计信息可比的会计核算原则是（　　）。
A. 相关性原则　B. 可比性原则　C. 明晰性原则　D. 客观性原则
8. 对固定资产计提减值准备是遵守了（　　）。
A. 相关性原则　B. 重要性原则　C. 一贯性原则　D. 谨慎性原则
9. 会计以（　　）为主要计量单位。
A. 数量　B. 金额　C. 货币　D. 时间
10. 通过（　　）不能取得收入。
A. 商业企业销售商品　B. 提供咨询服务
C. 向银行借款　D. 销售原材料

二、多项选择题

1. 具体会计准则分为（　　　）。
A. 一般业务准则　B. 应用指南
C. 特殊行业的特定业务准则　D. 报告准则

2. 新会计准则体系是一个有机整体，由（　　）构成。

A. 1 个基本准则　　B. 3 个应用指南

C. 38 个具体准则　　D. 1 个应用指南

3. 企业开出一张商业汇票偿还前欠货款会引起（　　）。

A. 应付票据增加　　B. 应付账款减少

C. 所有者权益增加　　D. 银行存款减少

4. 下面属于资产的特征有（　　）。

A. 应为企业拥有或者控制的资源

B. 预期会给企业带来经济利益

C. 是企业过去的交易或者事项形成的

D. 资产的内涵是资源

5. 下列经济业务引起资产、负债同增或同减变化的是（　　）。

A. 赊购一项固定资产　　B. 从银行借入短期借款存入存款户

C. 从银行提取现金　　D. 以银行存款购买原材料

6. 下面属于流动资产的是（　　）。

A. 库存现金　　B. 固定资产

C. 持有至到期投资　　D. 应收账款

7. 财务会计的基本前提包括（　　）。

A. 持续经营　　B. 权责发生制

C. 会计期间　　D. 货币计量

E. 会计主体

8. 期间费用包括（　　）。

A. 主营业务成本　　B. 销售费用

C. 管理费用　　D. 财务费用

9. 下列属于直接计入所有者权益的利得的是（　　）。

A. 政府补助　　B. 盘盈利得　　C. 捐赠利得　　D. 实收资本

10. 留存收益包括（　　）。

A. 资本公积　　B. 未分配利润

C. 主营业务收入　　D. 盈余公积

三、判断题

1. 会计准则倾向于理论指导，会计原则侧重于实务指导。（　　）

2. 法律主体往往不是一个会计主体，但是，会计主体一定是法律主体。（　　）

3. 只要是特定对象能够以货币表现的经济活动，都是会计所核算和监督的内容。（　　）

4. 因为存在会计期间这一基本前提，企业的资产才能按历史成本计价。（　　）

5. 以权责发生制作为记账基础，当月实际支付的款项才作为当月的费用，当月没有实际支付的款项不能作为当月费用。（　　）

6. 融资租入固定资产作为企业资产予以确认，体现的是实质重于形式的原则。（ ）

7. 企业与供货单位签订购货合同，应将它列为负债。（ ）

8. 所有者权益金额的确定主要取决于资产和负债的计量。（ ）

9. 从法律角度看，所有者权益对企业资产的要求权优于负债。（ ）

10. 应付账款属于费用项目。（ ）

11. 企业接受固定资产投资，会引起资产和所有者权益同时减少。（ ）

12. 在历史成本计量下，资产按照现在购置相同或者相似资产所需支付的现金或者现金等价物的金额计量。（ ）

13. 经济业务总是引起不同类项目此增彼减，增减金额相等。（ ）

14. 资产的增加都是由收入带来的，资产的减少和负债的增加一定会形成费用。（ ）

15. 企业在对会计要素进行计量时，一般应当采用历史成本。（ ）

四、简答题

1. 如何理解会计准则的定义?

2. 会计信息的质量要求是什么?

3. 如何理解收入和费用的定义及其特征?

4. 简述利润的定义及利润的来源构成。

5．简述会计六要素的确认条件。

6．简述会计计量的构成及其应用原则。

第三章　货币资金习题

一、单项选择题

1. 在流动资产中，流动性最强的是（　　）。
   A. 存货　　B. 应收票据　　C. 应收账款　　D. 货币资金
2. 目前，中国人民银行规定的结算起点为（　　）。
   A. 1 000 元　　B. 2 000 元　　C. 3 000 元　　D. 5 000 元
3. 对于银行入账而企业尚未入账的未达账项，企业应当（　　）
   A. 根据对账单和“银行存款余额调节表”自制会计凭证入账
   B. 待收到有关结算凭证后再进行账务处理
   C. 直接根据银行对账单进行账务处理
   D. 根据“银行存款余额调节表”进行账务处理
4. 银行承兑汇票的承兑人是（　　）
   A. 销货单位　　B. 购货单位的开户银行
   C. 销货单位开户银行　　D. 购货单位
5. 存款人日常经营活动的资金收付及其工资、奖金和库存现金的支取，应通过（　　）账户办理。
   A. 临时存款　　B. 基本存款　　C. 一般存款　　D. 专用存款
6. 不属于现金支付业务的原始凭证的是（　　）。
   A. 车、船票　　B. 付款凭证　　C. 工资单　　D. 借款收据
7. 以现金支付给采购人员预借的差旅费，应借记（　　）账户。
   A. 库存现金　　B. 管理费用　　C. 材料采购　　D. 其他应收款
8. 按照现金内部控制制度的要求，下列说法不正确的是（　　）。
   A. 现金要实行日清月结
   B. 各种现金开支要进行审批
   C. 单位的库存现金可以以个人名义存入银行
   D. 库存的纸币和铸币应实行分类保管
9. 根据内部控制制度的要求，出纳人员不可以（　　）。
   A. 登记现金和银行存款日记账
   B. 保管库存现金和各种有价证券
   C. 保管会计档案
   D. 保管空白收据、空白支票以及有关印章
10. 不通过“其他货币资金”科目核算的是（　　）。
   A. 存出投资款　　B. 信用证存款　　C. 信用卡存款　　D. 备用金

二、多项选择题

1. 定额银行本票的面额为（　　）元。

A. 1 000　　B. 5 000　　C. 10 000　　D. 50 000

2. 按照中国人民银行颁布的《库存现金管理暂行条例》，可以使用库存现金进行结算的是（　　）。

A. 职工工资、津贴

B. 向农民收购农副产品的价款

C. 个人劳务报酬

D. 向某单位购入货物而发生的金额为2 000元的一项货款

3. 不得使用托收承付结算方式结算的款项是（　　）。

A. 代销　　B. 寄销　　C. 赊销　　D. 展销

4. 按照有关制度的规定，我国银行转账结算方式包括（　　）。

A. 托收承付结算方式　　B. 支票结算方式

C. 银行本票结算方式　　D. 信用证结算方式

5. 企业银行存款日记账与银行对账单同日余额不符的原因主要有（　　）。

A. 计算错误　　B. 记账错漏

C. 未达账项　　D. 人事变动

6. 需要通过"其他货币资金"科目进行核算的项目包括（　　）。

A. 银行汇票存款　　B. 商业汇票存款

C. 银行本票存款　　D. 信用证保证金存款

7. 属于库存现金支出的原始凭证有（　　）。

A. 工资单　　B. 借款收据　　C. 差旅费报销单　　D. 付款凭证

8. 下列票据中，可以进行背书转让的有（　　）。

A. 银行汇票　　B. 银行本票　　C. 支票　　D. 商业汇票

9. 商业汇票按承兑人不同可以分为（　　）。

A. 定额汇票　　B. 非定额汇票

C. 商业承兑汇票　　D. 银行承兑汇票

三、判断题

1. 企业在任何条件下都不得坐支库存现金。（　　）

2. 为了提高财会部门的效率，可以由出纳人员兼稽核、会计档案保管或收入、支出、费用、债权债务账目的登记工作。（　　）

3. 任何支票都可以背书转让。（　　）

4. 对于一般企业，托收承付的金额起点为10 000元。（　　）

5. 定额备用金的保管人李来源持有关票据到财务部门报销，获库存现金支付，补足了保管的备用金。对该笔业务，应当贷记"其他应收款——备用金"科目。（　　）

6. 当存在未达到账项时，可以直接根据银行对账单对未达到账项进行会计处理。（　　）

7. 商业汇票结算发生必须以真实的商业交易关系或债务关系为基础；否则，不得使用商业汇票。（　　）

8. 为了减少货币资金管理控制中发生舞弊现象的可能性，并及时发现有关人员的舞弊行为，对涉及货币资金管理和控制的业务人员应实行定期轮换岗位制度。（　　）

四、简答题

1. 什么是货币资金？它包括哪些内容？

2. 简要介绍我国的银行存款账户。

3. 简述未达账项产生的主要原因。

4. 现金的支付范围有哪些？

五、业务处理题

1. 练习货币资金的核算：某企业201×年6月份发生如下经济业务，请编制会计分录。

（1）开出现金支票提取现金1 000元，用于日常的零星开支。

（2）办公室采购文具 320 元，以库存现金支付。

（3）采购员赵志雄预借差旅费 1 500 元，去上海出差。

（4）销售 A 材料一批，价款为 2 000 元，增值税销项税 340 元，收到现金。

（5）盘点库存现金，发现实际库存现金溢余 120 元。

（6）经查，库存现金盘盈原因不明，经批准，将其转入“营业外收入”。

（7）赵志雄报销差旅费 1 600 元，冲销其预借款，差额以库存现金支付。

2. 练习银行存款的核算：某企业月内发生如下有关银行存款的经济业务，请编制会计分录。

（1）向南华公司信汇预付购买材料款 10 000 元。

（2）银行转来昌盛公司汇款单，金额32 000元，系产品预购款。

（3）向昌盛公司发出产品，价款20 000元，增值税销项税3 400元，代垫运费600元，余款已从银行汇还。

（4）南华公司发来甲材料价款10 000元，增值税进项税1 700元，对方代垫运费300元，不足款项从银行汇出。

（5）企业向银行借入短期借款60 000元，存入银行。

（6）企业以银行存款5 000元归还前欠西江公司应付账款。

（7）收到甲厂交来前欠货款2 000元，乙厂交来前欠货款3 000元，款项全部存入银行。

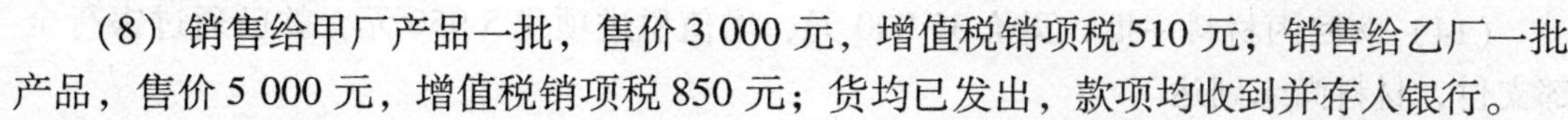

（8）销售给甲厂产品一批，售价3 000元，增值税销项税510元；销售给乙厂一批产品，售价5 000元，增值税销项税850元；货均已发出，款项均收到并存入银行。

（9）接银行收款通知，M公司投入资金100 000元，款已收存银行。

（10）接银行收款通知，支付公司行政用水费2 000元，电费8 000元。

（11）开出转账支票，通过银行支付广告费5 000元。

（12）出售101产品2 000千克，货款40 000元，增值税6 800元，款已收存银行。

（13）开出现金支票300元支付违约金。

（14）购回丙材料一批，买价 35 000 元，增值税进项税 5 950 元，款已通过银行全部支付，材料尚未到达。

3．练习其他货币资金的核算：珠江公司月内发生如下有关其他货币资金的经济业务，请编制必要的会计分录。

（1）电汇上海工商银行大祥分行 120 000 元，开立采购专户。

（2）开立信用卡存款专户转存 50 000 元。

（3）特约单位转来账单，本企业利用信用卡购入 C 材料款 50 000 元，增值税进项税 850 元，材料已收到。

（4）接银行通知，上月开立的银行本票专户，存入的 50 000 元，已支取 46 800 元购买材料，其中材料款 40 000 元，增值税进项税 6 800 元，材料已验收入库，余款 3 200 元退入结算户，该专户撤销。

（5）向开户银行办理银行汇票一张，金额 100 000 元。

（6）企业生产计划发生改变，原定去上海采购任务撤销，所开设的采购专户取消，款项收存银行。

4. 练习银行存款余额调节表的编制：假设珠江公司 201×年 12 月份银行存款日记账和对账单如下，请逐笔勾对确定未达账项并编制银行存款余额调节表。

银行存款日记账

摘要	凭证种类号码	借方	贷方	余额
承前页		181 289.38	169 219.66	54 797.00
购甲材料	转支 2041		5 200.00	49 597.00
付货款	托收 2215		3 400.00	46 197.00
付月票款	转支 1108		600.00	45 597.00
收存租金	进账单 1268	30.00		45 627.00
进账	进账单 028	20.00		45 647.00
收南宁货款	转支 2111	12 000.00		57 647.00
收电厂货款	转支 3579	800.00		58 447.00
收电厂押金	转支 2890	400.00		58 847.00
归还代垫款	转支 2216	2 834.40		61 681.40
购入乙材料	转支 2217		560	61 121.40
月末余额				61 121.40

银行对账单

摘要	结算凭证号码	借方	贷方	余额
承前页		169 219.66	181 298.38	54 797.00
付甲材料款	转支 2041	5 200.00		49 597.00
收托收款	托收 1203		16 250.00	65 847.00
承付货款	托收 2215	3 400.00		62 447.00
收租金余额	进账单 1268		30.00	62 477.00
库存现金进账	进账单 028		20.00	62 497.00
付电费	委托收款 0123	3 094.00		59 403.00
收押金	转支 280		400.00	59 803.00
归还代垫款	转支 2216		2 834.40	62 637.40
托收款	托收 3871		12 300.00	74 937.40

银行存款余额调节表

201×年 12 月 31 日

项目	金额	项目	金额
企业银行存款日记账		银行对账单余额	
加：银行已收入账 企业尚未入账		加：企业已收入账 银行尚未入账	
减：银行已付入账 企业尚未入账		减：企业已付入账 银行尚未入账	
调节后余额		调节后余额	

第四章 应收款项习题

一、单项选择题

1. 在我国，商业汇票的期限不得超过（　　）个月。

A. 1　　B. 3　　C. 5　　D. 6

2. 企业已贴现的带息商业承兑汇票到期（应收债权未出售），由于承兑人的银行账户不足支付，银行将商业承兑汇票退还给企业，并从贴现企业的银行账户中扣款，银行扣款金额是（　　）。

A. 票据票面金额　　B. 票据到期值

C. 票据贴现净额　　D. 银行贷款本金

3. 如果一张商业汇票的出票日期为 6 月 28 日，30 天到期，则票据的到期日为（　　）。

A. 7 月 28 日　　B. 7 月 27 日　　C. 7 月 26 日　　D. 7 月 29 日

4. 在我国，企业收到的商业汇票应以（　　）入账。

A. 到期值的现值　　B. 到期值

C. 面值　　D. 贴现值

5. 票据的期限按月表示时，票据的期限统一按（　　）。

A. 次月对日为整月计算　　B. 次月次日为整月计算

C. 次月前日为整月计算　　D. 次月 1 日为整月计算

6. 某企业赊销商品一批，商品标价 10 000 元，商业折扣为 20%，增值税率为 17%，现金折扣条件为 2/10，N/20。企业销售商品时代垫运费 200 元，若企业应收账款按净价法核算，则应收账款鼓励客户早日提货的入账金额为（　　）元。

A. 9 500　　B. 11 500　　C. 11 700　　D. 11 900

7. 商业折扣对会计核算（　　）。

A. 产生影响　　B. 不产生影响

C. 产生直接影响　　D. 产生间接影响

8. 现金折扣的目的是（　　）。

A. 鼓励客户早日提货　　B. 鼓励客户早日付款

C. 鼓励客户多购买　　D. 鼓励客户享受优惠

9. 总价法下，销货方给予客户的现金折扣，会计上应该作为（　　）处理。

A. 管理费用　　B. 冲减销售收入

C. 财务费用　　D. 营业费用

10．预付货款不多的企业，可以将预付的货款直接记入（　　）科目的借方，而不单独设置“预付账款”科目。

A．“应收账款”　　B．“其他应收款”

C．“应付账款”　　D．“应收票据”

11．备抵法下，已确认的坏账又收回时，（　　）应借记“应收账款”科目，贷记“坏账准备”科目。

A．根据收回金额　　B．根据损失金额

C．根据收回金额加管理费用　　D．根据收回金额减实际损失

12．企业发生的应收暂付款项，应借记（　　）科目。

A．“应付账款”　　B．“应收票据”

C．“其他应收款”　　D．“其他应付款”

13．采用应收款余额的一定比例提取坏账准备的企业应按（　　）提取。

A．年末应收账款余额　　B．月末应收账款的余额

C．季末应收账款余额　　D．半年末应收账款的余额

14．定额备用金的定额一经确定（　　）。

A．每月进行调整　　B．每次报销时进行调整

C．不需要时或年末进行调整　　D．永不调整

15．某企业2012年年初“坏账准备”科目的贷方余额为50 000元，2012年年末“应收账款”科目的余额为500万元，坏账准备的计提比例为5%，则该企业年末应提取的坏账准备为（　　）元。

A．250 000　　B．300 000　　C．200 000　　D．150 000

二、多项选择题

1．根据我国的企业会计制度，通过“应收票据”科目核算的票据有（　　）。

A．银行转账支票　　B．商业承兑汇票

C．银行承兑汇票　　D．银行本票

2．计算带息商业汇票到期值时，应考虑的因素主要有（　　）。

A．票面利率　　B．票面金额

C．票据期限　　D．贴现期限和贴现率

3．按票据是否带息，分为（　　）。

A．带息票据　　B．不带息票据

C．商业承兑汇票　　D．银行承兑汇票

4．不带息应收票据贴现时，影响其贴现额的因素有（　　）。

A．票据面值　　B．票据利率

C．贴现率　　D．贴现期限

5．按照现行会计准则的规定，下列各项中可以记入“应收账款”科目的有（　　）。

A．销售商品价款　　B．销售商品的增值税销项税额

C．代购货单位垫付的运杂费支出　　D．商业折扣

6. 企业的应收账款不应包括（　　）。

A. 预付分公司货款　　B. 应收利息

C. 超过一年的应收分期销售款　　D. 应收销售款

7. 按照《企业会计准则》的规定，采用备抵法核算坏账损失的企业，下列各项中，计提坏账准备的项目有（　　）。

A. 应付账款　　B. 其他应收款

C. 预付账款　　D. 应收账款

8. 下列各项中，可能列入“坏账准备”科目借方核算的有（　　）。

A. 已发生的坏账损失

B. 计提坏账准备

C. 已确认坏账的应收账款又收回的部分

D. 期末调整坏账前，坏账准备为贷方余额

9. 关于“预付账款”科目，下列说法中正确的有（　　）。

A. 该科目借方余额反映企业向供应单位预付的货款

B. 预付账款不多的企业，可以不单独设置“预付账款”科目，将预付的货款记入“应付账款”科目的借方

C. “预付账款”科目贷方余额反映的是应付供应单位的款项

D. 预付货款多的企业，可以不单独设置“预付账款”科目，将预付的货款记入“应收账款”科目的借方

10. 备用金可以通过（　　）科目核算。

A. “应收账款”　　B. “其他应收款”

C. “其他货币资金”　　D. “备用金”

11. 其他应收款的范围包括（　　）。

A. 预付给企业各内部单位的备用金

B. 应收的各种罚款

C. 应付出租包装物的租金

D. 应向职工收取的的各种垫付款

12. 下列说法中，正确的是（　　）。

A. 坏账损失核算的直接转销法不符合权责发生制原则和配比原则

B. 坏账损失核算的备抵法能较好地贯彻权责发生制原则和配比原则

C. 坏账损失核算的备抵法符合谨慎性原则

D. 坏账损失核算的备抵法符合重要性原则

13. 企业进行坏账核算时，估计坏账损失的方法有（　　）。

A. 应收账款余额百分比法　　B. 账龄分析法

B. 赊销百分比法　　D. 直接转销法

三、判断题

1. 某企业于2012年5月16日签发一张期限为4个月的商业承兑汇票，其到期日应为2012年8月16日。（　　）

2. 我国《企业会计准则》规定，应收账款的入账金额应该包括商业折扣，但不包括现金折扣。 （ ）

3. 企业贴现的商业承兑汇票到期，如果承兑人的银行账户不足支付，银行将从贴现企业的账户中将票款中划回，收款企业应按票据本息转作应收账款。 （ ）

4. 在发生现金折扣的情况下，销项税额应以未扣除现金折扣后的含税销售额为基础来计算。 （ ）

5. 总价法和净价法的区别在于总价法设置“销货折扣与折让”科目核算现金，而净价法则将其计入“财务费用”科目。 （ ）

6. 如果客户退回的商品已经结清了账款，并实际发生了现金折扣，则销货退回的金额一般应按扣除现金折扣后的价格计算。 （ ）

7. 采用直接转销法核算坏账损失的方法在我国的企业中已经不存在。 （ ）

8. 企业持有的未到期应收票据，如有确凿证据证明不能够收回或收回的可能性不大时，应将其账面余额转入应收账款，并计提相应的坏账准备。 （ ）

9. 应收账款和应收票据均应计提坏账准备。 （ ）

10. 已确认为坏账的应收账款，并不意味着企业放弃了其追索权，一旦重新收回，应及时入账。 （ ）

11. 预付账款属于企业的流动资产，期末应列示于资产负债表流动资产项下的预付账款项目，如果是贷方余额，则以负数表示。 （ ）

12. 由于企业应收账款和预收账款均属于债权，因此，都存在发生坏账损失的风险，按现行准则的规定都应提取一定比例的坏账准备。 （ ）

13. 和直接转销法相比，坏账损失核算的备抵法更符合权责发生制原则和配比原则。 （ ）

14. 在备抵法下，已经确认坏账的应收账款又收回时，根据收回数额，借记“应收账款”科目，贷记“坏账准备”科目，同时借记“银行存款”科目，贷记“应收账款”科目。 （ ）

15. 在存在现金折扣的情况下，若采用总价法核算，应收账款应按销售收入扣除预计的现金折扣后的金额入账。 （ ）

16. 无论是采用直接转销法，还是采用备抵法核算坏账损失，其坏账损失的确认条件都是不相同的。 （ ）

四、简答题

1. 什么是应收票据贴现？

2．什么是商业折扣和现金折扣？

3．应收账款的入账时间和入账金额如何确认？

4．其他应收款包括哪些内容？

5．什么是坏账和坏账损失？如何确认坏账损失？坏账的会计处理方法有哪几种？

五、业务处理题

1．某企业本期发生如下应收票据业务，请进行必要计算并编制会计分录。

（1）企业于2012年2月4日 售给A公司甲产品一批，价款为10 000元，增值税为1 700元。当日收到A公司签发的3月期银行承兑汇票一张。

（2）企业于2012年2月10日收到B公司交来的用以支付前欠货款的商业承兑汇票一张（无息），汇票金额为80 000元，4月11日到期，作出收到商业承兑汇票及商业承兑汇票到期收回票款的账务处理。

(3) 企业于2012年10月1日，销售一批产品给乙公司，货已发出，增值税专用发票上注明价款为20 000元，增值税3 400元。双方约定货款采用银行承兑汇票结算方式，企业当日收到乙公司交来的银行承兑汇票一张，期限为6个月，票面利率为10%。

① 收到票据时的账务处理。

② 2012年12月31日，计算票据利息并作账务处理。

③ 计算票据到期收回的账务处理。

(4) 企业销售给C公司产品一批，收到一张承兑的商业承兑汇票，面额30 000元，票据期限90天，签发日为2012年6月10日，到期日为2012年9月8日。该企业于2012年7月10日持该汇票向银行贴现，银行贴现率为10%。请计算贴现额并作账务处理。假设企业与承兑企业在同一票据区域内。

(5) 企业在2012年4月30日将B公司4月15日签发并交来的60天到期、利息10%、票面金额为6 000元的应收票据一张向银行贴现。

① 若贴现率为16%，计算贴现额并作账务处理。

② 若贴现率为8%，计算贴现额并作账务处理。

(6) 企业向C公司购买一批材料，已入库。增值税专用发票上注明价款为15 000元，增值税2 550元，因企业资金短缺，将A公司2月4日交来的面值为11 700元的银行承兑汇票按规定手续转让给C公司，不足部分用银行存款补付。

（7）2012 年 6 月 2 日，企业持所收取的乙公司出具的出票日期为 4 月 23 日、期限为 6 个月、面值为 117 000 元的不带息商业承兑汇票一张到银行贴现，银行贴现率为 12%。假设企业与承兑企业在同一票据区域内。

① 计算贴现款并作账务处理。

② 10 月 23 日票据到期，乙公司无力支付票款，银行将商业汇票退还给企业，并从企业的银行存款账户中扣款；如果这时企业的银行存款账户余额不足，银行作逾期贷款处理。作出两种情况下的账务处理。

2. 某企业本期发生如下应收账款业务，请进行必要计算并编制会计分录。

（1）企业向 D 公司销售甲产品，每台售价 4 000 元，规定购 20 台以上者可给予 5% 的商业折扣。D 公司购 20 台，增值税专用发票上注明价款为 76 000 元，增值税为 12 920 元，货款结算采用托收承付方式。另外，用银行存款代垫运杂费 800 元。

① 用银行存款代垫运杂费时的账务处理。

② 企业据购销合同发货后，填写托收承付凭证连同运单等有关证明交开户银行办理托收手续，银行受理后，退回托收承付凭证的回单联，企业据凭证进行账务处理。

③ 企业收到开户行转来的托收承付凭证的收账通知联，上述货款已如数收回存入银行。

（2）企业销售乙产品100件给丙公司，每件售价1 000元，增值税税率为17%，规定的折扣条件为2/10、1/20、N/30。按总价法和净价法分别作出下列条件下的账务处理，具体结果填入下列表格中。

①确认销售时；

②若购货单位于10天内付款；

③若购货单位于20天内付款；

④若购货单位于30天内付款。

条件	按总价法处理	按净价法处理
确认销售时		
若购货单位于10天内付款		
若购货单位于20天内付款		
若购货单位于30天内付款		

3. 某企业本期发生如下经济业务，请进行必要的计算并编制会计分录。

（1）向乙单位购买材料，预付货款75 000元，款项用银行存款预付。

（2）收到乙单位交来的货并验收入库，其发票账单上所列材料价值60 000元，增值税为10 200元。

（3）收到乙单位退回的多交款。

（4）企业租入一栋房屋，付保证金10 000元，开出现金支票付讫。

（5）企业租入一批油桶，用库存现金付押金400元。

（6）企业拨给膳食科定额备用金5 000元，财会部门开出现金支票付讫。

（7）膳食科定额备用金保管人持有关凭证报销费用3 000元，财会部门审核后，如数开出一张现金支票付讫。

4. 某企业本期发生如下经济业务，请进行必要的计算并编制会计分录。

企业应收甲公司的货款8 000元，因甲公司经营不善，资不抵债已破产，该货款无法收回，经批准作坏账损失处理。用直接法进行账务处理。

（1）坏账损失发生时的账务处理。

（2）应收甲公司的账款因某种原因，半年后又收回5 000元存入银行。

5. A 公司年末应收账款的余额为 2 000 000 元，首次提取坏账准备，提取的比例为 3‰；第二年发生了坏账损失 8 000 元，其中甲单位 3 000 元，乙单位 5 000 元，年末应收账款余额为 1 200 000 元；第三年，已冲销的上年乙单位应收账款 5 000 元又收回，年末应收账款的余额为 1 500 000 元；第四年发生了坏账损失 1 500 元（甲单位），年末应收账款的余额为 1 300 000 元。根据上述资料，编制有关的会计分录。

6. 某企业按销货百分比法计提坏账准备。2012 年赊销金额为 500 000 元，根据以往资料和经验，估计坏账损失率为 4‰，企业在计提坏账准备前坏账准备账户有借方余额 1 000 元。据此计算该企业 2012 年应提的坏账准备金额并作账务处理。

7. 某企业采用账龄分析法核算坏账。该企业 2011 年 12 月 31 日应收账款余额为 1 000 000 元，“坏账准备”科目贷方余额为 30 000 元；2012 年发生坏账 60 000 元，发生坏账回收 400 000 元。2012 年 12 月 31 日应收账款余额为 1 200 000 元，其中未到期应收账款为 400 000 元，估计损失 1%；过期 1 个月应收账款为 300 000 元，估计损失 2%；过期 2 个月应收账款为 200 000 元，估计损失 4%；过期 3 个月应收账款为 200 000 元，估计损失为 6%；过期 3 个月以上应收账款为 100 000 元，估计损失 10%。据此计算 2012 年应提取的坏账准备金额，并作出相关的会计处理。

第五章　存货习题

一、单项选择题

1．存货的入账价值是（　　）。

A．重置成本　　B．净现值　　C．实际成本　　D．计划成本

2．（　　）是对发出存货以先购入的先发出进行计价的一种方法。

A．先进先出法　　B．实际成本法

C．加权平均法　　D．个别计价法

3．当采用计划成本价计价核算原材料时，通过（　　）科目核算购入原材料的实际成本。

A．“原材料”　　B．“材料采购”

C．“在途物资”　　D．“材料成本差异”

4．某增值税一般纳税企业本期购入一批材料 1 000 千克，实际支付价款 11 000 元，支付增值税进项税 1 870 元。所购材料到达后验收发现短缺 100 千克，其中，5 千克属于定额内的合理损耗，另外 95 千克的短缺尚待查明原因。该批材料每千克的计划成本为 10 元。该批入库材料产生的材料成本差异为（　　）元。

A．2 825　　B．2 588　　C．905　　D．955

5．某一般纳税企业购进原材料一批，支付价款为 20 000 元，增值税 3 400 元，保险费 1000 元，运费 300 元，装卸费 200 元，则这批材料的采购成本为（　　）元。

A．24 900　　B．23 400　　C．24 879　　D．21 479

6．在物价下降期间，企业将存货的计价方法由原来的加权平均法改为先进先出法，对企业毛利、资产负债表上的存货数额产生的影响是（　　）。

A．增加毛利，增加存货　　B．增加毛利，减少存货

C．减少毛利，增加存货　　D．减少毛利，减少存货

7．A 企业月初甲材料的计划成本为 10 000 元，“材料成本差异”科目借方余额为 500 元，本月购进甲材料一批，其实际成本为 16 180 元，计划成本为 19 000 元。本月生产车间领用甲材料的计划成本为 8 000 元，管理部门领用甲材料的计划成本为 4 000 元。该企业期末甲材料的实际成本是（　　）元。

A．14 680　　B．15 640　　C．15 680　　D．16 640

8．原材料已验收入库，月末结算凭证未到，可按材料合同价格估价入账，其会计分录为（　）

A．借：物资采购

　　贷：应付账款

B. 借：原材料
    贷：应付账款——暂估应付账款

C. 借：原材料
    应交税费——应交增值税（进项税额）
    贷：应付账款——暂估应付账款

D. 借：原材料
    贷：物资采购

9. 企业对外销售材料应分摊的材料成本差异，应转入（　　）。

A. 管理费用　　B. 生产成本
C. 其他业务成本　　D. 制造费用

10. 某企业2012年12月31日存货的账面余额为20 000元，预计可变现净值为18 000元，则该企业2012年12月31日应计提的跌价准备为（　　）元。

A. 2 000　　B. －2 000　　C. －1 000　　D. 1 000

11. 某企业期末盘点存货时，发现因火灾盘亏一批原材料40 000元，该批材料购进时的增值税进项税额为6 800元。其中应由保险公司赔款的有3 000元，原材料的残料200元已经验收入库，则应记入“营业外支出”科目的金额为（　　）元。

A. 36 800　　B. 43 600　　C. 37 000　　D. 43 800

二、多项选择题

1. 下列项目中，应计入工业企业存货成本的是（　　）。

A. 购买价款　　B. 运杂费　　C. 仓储费用　　D. 相关税费

2. 材料成本差异的贷方记录（　　）。

A. 超支差异额　　B. 节约差异额
C. 分配转出的超支差异额　　D. 分配转出的节约差异额

3. 应计入商品的采购成本的是（　　）。

A. 买价　　B. 运输费　　C. 保险费　　D. 装卸费

4. 企业期末编制资产负债表时，下列各项应包括在“存货”项目的是（　　）。

A. 委托代销商品　　B. 为在建工程购入的工程物资
C. 未来约定购入的商品　　D. 原材料

5. 对于盘亏的材料，在报经批准后，根据不同的原因可分别转入（　　）。

A. 管理费用　　B. 财务费用
C. 营业外支出　　D. 其他应收款

6. 计算存货可变现净值时，应从预计售价中扣除的项目是（　　）。

A. 出售前发生的行政管理人员的工资　B. 估计将要发生的相关税费
C. 估计的销售费用　　D. 估计发生的成本

7. 下面哪些项目属于周转材料（　　）。

A. 低值易耗品　　B. 包装物　　C. 库存商品　　D. 原材料

8. 采用成本与可变现净值孰低法对期末存货计价时，在实际工作中可选择（　　）。

A. 单项比较法　B. 分类比较法　C. 综合比较法　D. 一次摊销法

9. 低值易耗品的摊销方法有（　　）。

A. 一次摊销法　B. 分期摊销法　C. 五五摊销法　D. 加权平均法

10. 企业按零售价法核算销售的商品时，当商品销售后，会计处理为（　　）。

A. 借：银行存款等

　　贷：主营业务收入

　　　　应交税费——应交增值税（销项税额）

B. 借：银行存款

　　贷：主营业务收入

C. 借：主营业务成本

　　贷：库存商品

D. 借：其他业务成本

　　贷：库存商品

11. 当企业存在（　　），应当计提存货跌价准备。

A. 市价持续下跌，并且在可预见的未来无回升的希望

B. 已霉烂变质的存货

C. 因企业所提供的商品或劳务过时或消费者偏好改变而使市场的需求发生变化，导致市场价格逐渐下跌

D. 已过期且无转让价值的存货

三、判断题

1. 凡是存放在企业仓库的物品都是属于该企业的存货。（　　）

2. 购买存货的价款包括商业折扣不包括现金折扣。（　　）

3. 我国《企业会计准则第 1 号——存货》规定，企业应当采用先进先出法、后进先出法或者个别计价法确定发出存货的实际成本。（　　）

4. 当物价上涨时，采用后进先出法会高估企业当期利润和库存存货价值。（　　）

5. 如果企业规模不大、业务不多，发出材料负担的成本差异可以在年末一次计算。（　　）

6. 非正常消耗的直接材料、直接人工和制造费用不能计入存货的成本。（　　）

7. 如果会计期末仍有已经入库而未付款的材料，应按材料的暂估价值，借记“原材料”科目、贷记“应付账款——暂估应付账款”科目，下月初以红字分录冲回。（　　）

8. 包装物随同产品或商品出售不单独计价的，应将这部分包装物的成本作为企业发生的销售费用，借记“其他业务成本”科目，贷记“包装物——在库”科目。（　　）

9. 对商品核算采用毛利率法时，需要通过“商品进销差价”科目核算。（　　）

10. 出借包装物是企业向客户提供的有偿服务，需要向客户收取押金和租金。 (　　)

11. 一般纳税人外购货物或销售所支付的运输费用，根据有关运费结算单据（普通发票）所列运费金额按 15% 扣除率计算的进项税额准予抵扣销项税额。 (　　)

12. 若盘亏的存货属于自然损耗产生的定额内损耗，应计入营业外支出。 (　　)

四、简答题

1. 简述存货成本包括的内容。

2. 简述存货发出的计价方法以及每种方法的优缺点。

3. 简述在何种情况下应计提存货跌价准备。

五、业务处理题

1. 某企业甲种存货收入、发出的数据资料如下表所示。要求用不同的计价方法确定发出及结存存货的成本。

2012 年		摘要	购入			发出			结存		
月	日		数量	单价	金额	数量	单价	金额	数量	单价	金额
5	1	期初结存							1 000	8.0	8 000
	4	购入	2 000	8.5	17 000				3 000		
	8	发出				1 500			1 500		
	15	购入	1 000	9.0	9 000				2 500		
	20	发出				2 000			500		
	25	购入	1 500	8.0	12 000				2 000		
	30	发出				1 600			400		

（1）用“先进先出法”计算发出、结存存货的成本。

发出成本 =

结存成本 =

（2）采用“加权平均法”计算发出、结存存货的成本。

加权平均单价 =

本期发出存货成本 =

期末结存存货成本 =

2. 某工业企业为增值税一般纳税企业，材料按实际成本计价核算，并对发出存货采用先进先出法。5 月初 A 材料期初余额为 6 000 元，共 600 千克。在 5 月该企业发生以下经济业务，请根据下述业务编制相关会计分录，并计算月末结存存货的成本。

（1）5 月 3 日，用支票购进 A 材料 560 千克，其中价款为 6 720 元，增值税额为 1 142.40 元，材料尚未到达。

（2）5 月 8 日，收到 5 月 3 日购买的材料并验收入库。

（3）5 月 10 日，生产甲产品领用 400 千克 A 材料。

（4）5 月 17 日，购进 A 材料 450 千克，其中价款为 5 400 元，增值税额为 918 元，运费为 800 元（按规定准予抵扣的进项税额为 56 元），装卸费为 100 元，保险费为 250 元。材料已经验收入库，货款、增值税、运费和保险费采用商业汇票结算方式。

（5）5月20日，购进A材料400千克，其中价款为6 000元，增值税额为1 020元，材料已验收入库，结算凭证6月2日才到。

（6）5月22日，管理部门领用A材料300千克。

（7）月末结存存货的成本＝

3. 某工业企业为增值税一般纳税企业，材料按计划成本计价核算。甲材料计划单位成本为每千克10元。该企业2012年4月份有关资料如下。

根据上述业务编制相关的会计分录，并计算本月材料成本差异率、本月发出材料应负担的成本差异及月末库存材料的实际成本。

（1）“原材料”科目月初余额40 000元。“材料成本差异”科目月初贷方余额为500元，“材料采购”科目月初借方余额10 600元（上述科目核算的均为甲材料）。

4月5日，企业上月已付款的甲材料1 000千克如数收到，已验收入库。

（2）4月15日，从外地A公司购入的甲材料6 000千克，增值税专用发票注明的材料价款为59 000元，增值税额为10 030元，运费2 000元，保险费600元，装卸费200元。企业已用银行存款支付上述款项，材料尚未到达。

(3) 4 月 20 日，从 A 公司购入的甲材料到达，验收入库。

(4) 4 月 30 日，汇总本月发料凭证，本月共发出甲材料 7 000 千克，其中 4 000 千克用于生产产品，2 000 千克为车间一般耗费，1 000 千克为销售部门领用。

(5) 结转本月材料成本差异。

本月材料成本差异率 =

本月发出材料应计入生产成本的成本差异 =

本月发出材料应计入制造费用的成本差异 =

本月发出材料应计入销售费用的成本差异 =

本月发出材料应负担的成本差异 =

4. 某企业（增值税一般纳税人）委托飞扬企业加工乙材料，原材料价款 200 000 元，加工费用 58 500 元，消费税税率为 10%，材料已经加工完毕并验收入库，加工费用尚未支付。假定该企业采用实际成本法核算。请根据这项经济业务，代委托方编制会计分录。

5．某零售商业企业采用零售价法核算商品的收发，在3月份该企业发生以下经济业务。根据下述业务编制相关的会计分录：

（1）3月1日，以本地用支票购进甲商品一批，价款为30 000元，增值税5 100元，运杂费1 000元，装卸费100元。商品已经验收入库。该批商品按零售价计算为34 500元。

（2）3月18日，自外地购入一批甲商品，价款为20 000元，增值税额为3 400元，已开出支票付讫，但商品尚未收到。该批商品按零售价计算为20 800元。

（3）3月25日，收到3月18日购买的商品并入库。

（4）3月26日，销售一批甲商品的销售金额为46 800元，货款全部存入银行。

（5）月末计算销售应交的增值税，并结转已销商品进销差价（3月初的商品进销差价余额为0）。

商品进销差价率 =

销售商品应分摊的商品进销差价 =

6．某零售商业企业9月发生以下经济业务，请据此编制会计分录：

（1）9月1日购进A商品一批，价款为5 000元，增值税额为850元。商品已经验收入库，货款以支票全部支付。按零售价格计算为5 500元。

（2）9月7日销售A商品，日结单所列A商品销售金额为35 100元，货款全部存入银行。

（3）9月15购进A商品一批，其中价款为9 000元，增值税额为1 530元，购进商品发生的运费为400元（按规定准予扣除的进项税额为28元），装卸费150元。结算凭证到达，但商品尚未到达。

（4）9月20日收到9月15日购买的商品，并验收入库。按零售价格计算为10 000元。

（5）采用委托收款结算方式购进的A商品于9月22日收到并验收入库，按零售价格计算为6 000元。9月25日收到结算凭证，货款共计5 850元，其中价款为5 000元，增值税850元。

（6）9月末，根据当月发生的含税销售收入35 100元，依17%计算增值税。

（7）结转按差价率计算的当月已销商品进销差价（月初商品进销差价有贷方余额2 000元，月初库存商品余额为46 800元，委托代销商品和发出商品期初和期末均为零）。

7. 某批发商业企业对商品的核算采用数量成本金额核算法，在8月发生以下经济业务。请根据下述业务编制8月份相关会计分录：

（1）8月4日，向欣欣公司购进甲商品一批，价款为3 500元，增值税595元，商品已经验收入库，款项尚欠。

（2）8月9日，购进甲商品一批，价款2 000元，增值税340元，商品尚未到达，已用转账支票付讫。

（3）8月13日，收到上月购买的乙商品，该批商品价款为4 200元，增值税714元。运费1 000元（可抵扣的进项税额为70元），装卸费为200元。

（4）8月26日，购进丙商品一批，8月28日收到并验收入库。9月5日，结算凭证到达，该批商品的价款是6 800元，增值税1 156元。

8. 某企业包装物按实际成本法计价，在6月发生的有关经济业务如下。请根据下述业务编制6月份的会计分录：

（1）6月5日，生产A产品领用包装物，实际成本为1 000元。

（2）6月12日，销售产品领用单独计价的包装物，实际成本为600元，售价为702元（增值税102元）。

（3）6月20日，向C公司出借一批包装物，实际成本为800元，收取押金1 000元，包装物采用一次摊销法（在领用时一次摊销）。

（4）6月25日，向D公司出租新包装物100个，共4 000元。收取押金5 000元，每月租金300元，营业税金15元（假设只考虑营业税），包装物采用五五摊销法。

9. 某企业车间领用办公用具一批，实际成本为8 000元，该企业对低值易耗品采用五五摊销法，请编制从用具领用到报废的会计分录。

10．某企业进行财产清查，根据有关存货盘点情况编制批准前和批准后的会计分录：

（1）因发生火灾，毁损甲材料一批，价值5 000元（实际成本），原材料购进时的进项税额为850元。残料估价200元，保险公司应赔偿的损失为800元。

（2）盘盈乙材料一批，总成本3 000元。盘盈A商品10件，总成本6 000元。原因是平时收发计量差错。

（3）盘亏丙材料一批，总成本为8 000元，其中由于管理人员小吴失职应赔偿的金额为3 000元，由保险公司赔偿的金额为4 000元。

11．某企业按照“成本与市价孰低法”对期末存货计价，在2009年年末的账面存货成本为32 000元，当年年末的可变现净值为30 000元。2010年该批存货的可变现净值为2 700元。2011年年末该批存货的可变现净值回升为31 000元。2012年该批存货的可变现净值为34 000元。

请根据上述经济业务采用备抵法为该企业编制2009—2012年的相关会计分录。

第六章 金融资产习题

一、单项选择题

1. 企业按面值购入的债券称为（ ）。

A. 折价购入 B. 平价购入 C. 溢价购入 D. 现金购入

2. 按照《企业会计准则》的规定，对购入持有至到期投资所发生的相关费用，其会计处理是（ ）。

A. 计入投资成本 B. 计入当期损益

C. 计入待摊费用 D. 计入资本公积

3. 某企业购买面值为500万元的公司债券准备持有至到期，共支付价款575万元，其中含手续费2万元、应收利息20万元. 该项债券投资应记入“持有至到期投资”科目的金额为（ ）万元。

A. 573 B. 550 C. 555 D. 553

4. 下列金融资产中，应按公允价值进行初始计量，且交易费用不计入初始入账价值的是（ ）。

A. 交易性金融资产 B. 持有至到期投资

C. 应收款项 D. 可供出售金融资产

5. 企业购入交易性金融资产，支付的价款为103万元，其中包含已到期尚未领取的利息3万元，另支付交易费用2万元。该项交易性金融资产的入账价值为（ ）万元。

A. 103 B. 100 C. 102 D. 105

6. 根据《企业会计准则第22号——金融工具确认和计量》的规定，下列交易性金融资产的后续计量表述中，正确的是（ ）。

A. 按照摊余成本进行后续计量

B. 按照公允价值进行后续计量，公允价值变动计入当期投资收益

C. 按照公允价值进行后续计量，变动计入资本公积

D. 按照公允价值进行后续计量，公允价值变动计入当期公允价值变动损益

7. 企业出售交易性金融资产时，应按实际收到的金额，借记“银行存款”科目，按该金融资产的成本，贷记“交易性金融资产（成本）”科目，按该项交易性金融资产的公允价值变动，贷记或借记“交易性金融资产（公允价值变动）”科目，按其差额，贷记或借记（ ）。

A. “公允价值变动损益”科目 B. “资本公积”科目

C. “投资收益”科目 D. “营业外收入”科目

8. 持有交易性金融资产期间被投资单位宣告发放现金股利或在资产负债表日按债券票面利率计算利息时，借记“应收股利”或“应收利息”科目，贷记的会计科目是（　　）。

A. 交易性金融资产　　B. 资本公积

C. 公允价值变动损益　　D. 投资收益

9. 某股份有限公司于2012年2月29日以每股6元（包含已宣告尚未发放的现金股利0.25元）的价格购入某上市公司股票25万股，作为交易性金融资产核算。购买该股票支付手续费等5万元。5月25日，收到该上市公司按每股0.25元发放的现金股利。12月31日该股票的市价为每股5.5元。2012年12月31日该股票投资的账面价值为（　　）万元。

A. 125　　B. 137.5　　C. 150　　D. 143.75

10. 对于以公允价值计量且其变动计入当期损益的金融资产，下列有关业务中，应贷记“投资收益”的是（　　）。

A. 企业转让交易性金融资产时对持有期间累计产生的公允价值变动损失的处理

B. 企业收到的包含在买价中已到期但尚未领取的利息

C. 资产负债表日，持有的股票市价大于其账面价值

D. 企业持有期间获得的现金股利

11. 关于交易性金融资产的计量，下列说法中正确的是（　　）。

A. 取得交易性金融资产时，要按取得的公允价值和相关交易费用之和作为初始确认金额

B. 应当按取得该金融资产的公允价值作为初始确认金额，相关交易费用发生时计入投资收益

C. 资产负债表日，交易性金融资产的公允价值变动计入当期所有者权益

D. 处置该金融资产时，其公允价值与初始入账金额之间的差额应确认为投资收益，不调整公允价值变动损益

12. 某企业于2012年1月1日，购进当日发行的面值为1 200万元的公司债券。债券的买价为1 350万元，相关税费为10万元。该公司债券票面年利率为8%，期限为5年，一次还本付息。企业将其划分为持有至到期投资，则该企业计入“持有至到期投资”科目的金额为（　　）万元。

A. 1 360　　B. 1 200　　C. 1 350　　D. 1 340

13. 2012年8月1日，甲上市公司购入乙公司的债券，准备持有至到期。购入时支付的购买价款为105万元（其中包含已到付息期但尚未领取的利息4万元），另外用银行存款支付交易费用3万元，债券的面值为100万元。则甲公司购入时计入“持有至到期投资”科目的金额为（　　）万元。

A. 105　　B. 101　　C. 104　　D. 108

14. 未发生减值的持有至到期投资如为一次还本付息债券投资，应于资产负债表日按票面利率计算确定的利息，借记“持有至到期投资——应计利息”科目，按持有至到期投资期初摊余成本和实际利率计算确定的利息收入，贷记“投资收益”科目，

按其差额，借记或贷记（　）科目。

A. 公允价值变动损益　　B. 持有至到期投资——成本

C. 持有至到期投资——应计利息　　D. 持有至到期投资——利息调整

15. 出售持有至到期投资时，应按实际收到的金额，借记“银行存款”科目，已计提减值准备的，借记“持有至到期投资减值准备”科目，按其账面余额，贷记“持有至到期投资（成本、利息调整、应计利息）”科目，按其差额，贷记或借记（　　）科目。

A. 投资收益　　B. 营业外收入　　C. 资本公积　　D. 资产减值损失

16. M 公司 2012 年 1 月 1 日购入 A 公司发行的 3 年期公司债券。公允价值为 10 560.42 万元，债券面值 10 000 万元，每半年付息一次，到期还本，票面年利率 6%，实际年利率 4%。采用实际利率法摊销，则 M 公司 2013 年 1 月 1 日持有至到期投资摊余成本为（　　）万元。

A. 10 471.63　　B. 10 381.06

C. 1 056.04　　D. 1 047.16

17. 甲企业于 2012 年 10 月 6 日从证券市场上购入乙企业发行在外的股票 100 万股作为可供出售金融资产，每股支付价款 2 元（含已宣告但尚未发放的现金股利 0.25 元），另支付相关费用 6 万元，甲企业取得可供出售金融资产时的入账价值为（　　）万元。

A. 175　　B. 181　　C. 200　　D. 206

18. 甲公司于 2012 年 1 月 1 日从证券市场购入乙公司发行在外的股票 30 000 股作为可供出售金融资产，每股支付价款 10 元，另支付相关费用 6 000 元。2012 年 12 月 31 日，这部分股票的公允价值为 295 000 元，该价格下跌为正常的价格波动，则甲公司 2012 年 12 月 31 日计入公允价值变动损益科目的金额为（　　）元。

A. 0　　B. 收益 14 000

C. 收益 5000　　D. 损失 11 000

19. 出售可供出售金融资产时，应按实际收到的金额，借记“银行存款”等科目，按其账面余额，贷记“可供出售金融资产”科目，按应从所有者权益中转出的公允价值累计变动额，借记或贷记“资本公积——其他资本公积”科目，按其差额，贷记或借记（　　）科目。

A. 资产减值损失　B. 资本公积　　C. 投资收益　　D. 营业外收入

20. 资产负债表日，企业根据金融工具确认和计量准则确定持有至到期投资发生减值的，按应减记的金额，借记“资产减值损失”科目，贷记（　　）科目。

A.“投资收益”　　B.“公允价值变动损益”

C.“持有至到期投资——成本”　　D.“持有至到期投资减值准备”

21. 下列金融资产中，不应计提减值准备的是（　　）。

A. 交易性金融资产　　B. 持有至到期投资

C. 应收款项　　D. 可供出售权益工具

22. 关于金融资产的重分类，下列说法中正确的是（　　）。

A. 交易性金融资产和持有至到期投资之间不能进行重分类

B. 交易性金融资产在符合一定条件时可以和贷款进行重分类

C. 交易性金融资产和可供出售金融资产之间可以进行重分类

D. 可供出售金融资产可以随意和持有至到期投资进行重分类

二、多项选择题

1. 下列各项中，属于金融资产的有（　　）。

A. 贷款　　B. 股权投资

C. 应收账款　　D. 债权投资

2. 下列各项中，不应计入交易性金融资产的入账价值的有（　　）。

A. 支付的手续费

B. 支付的印花税

C. 取得时交易性金融资产的公允价值

D. 已宣告但尚未发放的现金股利

3. 企业持有至到期投资的特点包括（　　）。

A. 有能力持有至到期

B. 发生市场利率变化、流动性需要变化等情况时，将出售该金融资产

C. 有明确意图持有至到期

D. 到期日固定、回收金额固定或可确定

4. 下列各项中，应作为持有至到期投资取得时初始成本入账的有（　　）。

A. 投资时支付的税金

B. 投资时支付的手续费

C. 投资时支付款项中所含的已到付息期但尚未领取的利息

D. 投资时支付的不含应收利息的价款

5. 下列金融资产中，应按摊余成本进行后续计量的有（　　）。

A. 交易性金融资产　　B. 持有至到期投资

C. 可供出售债务工具　　D. 贷款

6. 下列可供出售金融资产的表述中，正确的有（　）。

A. 可供出售债务工具发生的减值损失应计入当期损益

B. 可供出售权益工具发生的减值损失应计入所有者权益

C. 取得可供出售金融资产发生的交易费用应直接计入当期损益

D. 处置可供出售金融资产时，以前期间因公允价值变动计入资本公积的金额应转入投资收益

7. 下列有关可供出售金融资产会计处理的表述中，正确的有（　　）。

A. 可供出售金融资产发生的减值损失应计入所有者权益

B. 以外币计价的可供出售货币性金融资产发生的汇兑差额应计入当期损益

C. 可供出售金融资产持有期间取得的现金股利应冲减资产成本

D. 取得可供出售金融资产发生的交易费用应计入初始确认金额

8. 表明金融资产发生减值的客观证据，包括（　　）。

A. 发行方或债务人发生严重财务困难

B. 债务人很可能倒闭或进行其他财务重组

C. 债务人违反了合同条款，如偿付利息或本金发生违约或逾期等

D. 债权人出于经济或法律等方面因素的考虑，对发生财务困难的债务人作出让步

9. 在已确认减值损失的金融资产价值恢复时，下列金融资产的减值损失可以通过损益转回的有（　　）。

A. 可供出售债务工具的减值损失

B. 可供出售权益工具的减值损失

C. 贷款及应收款项的减值损失

D. 在活跃市场上没有报价且其公允价值不能可靠计量的权益工具投资发生的减值损失

10. 下列各项中，应计入当期损益的事项有（　　）。

A. 交易性金融资产在持有期间获得的债券利息

B. 交易性金融资产在资产负债表日的公允价值小于账面价值的差额

C. 持有至到期债券投资发生的减值损失

D. 可供出售债务工具在资产负债表日的公允价值大于账面价值的差额

11. 可供出售金融资产在发生减值时，可能涉及的会计科目有（　　）。

A. 资产减值损失　　B. 公允价值变动损益

C. 可供出售金融资产——成本　　D. 资本公积——其他资本公积

12. 按照《企业会计准则》的规定，持有至到期投资计算摊余成本和确认投资收益，不应采用的方法是（　　）。

A. 先进先出法　　B. 直线法　　C. 后进先出法　　D. 实际利率法

13. 持有至到期债券投资的取得成本应包括（　　）。

A. 债券面值

B. 实际支付价款中包含已到付息期但尚未领取的利息

C. 分期付息的应计利息

D. 税金、手续费等相关费用

三、判断题

1. 新的《企业会计准则》要求，持有至到期投资核算采用实际利率法计算摊余成本和确认投资收益。（　　）

2. 持有至到期投资在核算过程中，通过利息调整、债券到期余额为面值和应计利息，也正是企业应收回的投资成本和实现的投资收益。（　　）

3. 将持有至到期债券投资重分为可供出售金融资产时，应在重分类日按其公允价值转入“可供出售金融资产”科目内。（　　）

4. 取得交易性金融资产时支付的交易费用，应计入交易性金融资产的初始入账成本。（　　）

5. 交易性金融资产持有期间被投资单位宣告发放的现金股利，或在资产负债表日按分期付息、一次还本债券投资的票面利率计算的利息，应该冲减交易性金融资产的

成本。 （ ）

6. 交易性金融资产和可供出售金融资产的相同点是都按公允价值进行后续计量，且公允价值变动计入当期损益。 （ ）

7. 收到购买交易性金融资产时支付的价款中包含的已到付息期但尚未领取的利息，应计入当期损益。 （ ）

8. 企业取得的持有至到期投资，应按该投资的公允价值加上支付的交易费用，借记“持有至到期投资——成本”科目。 （ ）

9. 处置持有至到期投资时，应将实际收到的金额与其账面价值的差额计入公允价值变动损益。 （ ）

10. 资产负债表日，贷款的合同利率与实际利率即使差异较小，也不可以采用合同利率计算确定利息收入。 （ ）

11. 资产负债表日，可供出售金融资产的公允价值低于其账面余额时，应计提可供出售金融资产减值准备。 （ ）

12. 可供出售权益工具投资发生的减值损失，不得通过损益转回。 （ ）

13. “可供出售金融资产”借方的期末余额，反映企业可供出售金融资产的公允价值。 （ ）

14. 会计期末，如果交易性金融资产的成本高于市价，应该计提交易性金融资产跌价准备。 （ ）

15. 可供出售金融资产发生减值时，即使该金融资产没有终止确认，原直接计入所有者权益中的因公允价值下降形成的累计损失，应当予以转出，计入资产减值损失。 （ ）

四、简答题

1. 什么是金融资产，如何进行分类？

2. 什么是交易性金融资产？其在初始取得时如何核算？

3. 什么是持有至到期投资？其在初始取得时如何核算？

4. 什么是可供出售金融资产，其在初始取得时和后续计量时如何核算？

五、业务处理题

1. 珠江股份有限公司2012年有关交易性金融资产的资料如下：

（1）3月9日以银行存款购入A公司股票10 000股，并准备随时变现，每股买价16元，同时支付相关税费1 000元。

（2）4月20日A公司宣告发放的现金股利每股0.4元。

（3）4月21日又购入A公司股票50 000股，并准备随时变现，每股买价18.4元（其中包含已宣告发放尚未支取的股利每股0.4元），同时支付相关税费6 000元。

（4）4月25日收到A公司发放的现金股利20 000元。

（5）6月30日A公司股票市价为每股16.4元。

（6）7月18日该公司以每股17.5元的价格转让A公司股票30 000股，扣除相关税费10 000元，实得金额为515 000元。

（7）12月31日A公司股票市价为每股18元。

根据上述经济业务编制有关会计分录。

2. 珠江公司系上市公司，按季对外提供中期财务报表，按季计提利息。2012 年有关业务如下：

(1) 1 月 5 日以赚取差价为目的从二级市场购入一批债券作为交易性金融资产，面值总额为 2 000 万元，票面利率为 6%，3 年期，每半年付息一次，该债券发行日为 2011 年 1 月 1 日。取得时支付的价款为 2 060 万元，含已到付息期但尚未领取的 2011 年下半年的利息 60 万元，另支付交易费用 40 万元，全部价款以银行存款支付。

(2) 1 月 15 日，收到 2011 年下半年的利息 60 万元。

(3) 3 月 31 日，该债券公允价值为 2 200 万元。

(4) 3 月 31 日，按债券票面利率计算利息。

(5) 6 月 30 日，该债券公允价值为 1 960 万元。

(6) 6 月 30 日，按债券票面利率计算利息。

(7) 7 月 15 日，收到 2012 年上半年的利息 60 万元。

(8) 8 月 15 日，将该债券全部处置，实际收到价款 2 400 万元。

根据以上业务编制有关交易性金融资产的会计分录（以万元为单位）。

3. 201×年1月1日，珠江公司支付价款1 000 000元（含交易费用）从上海证券交易所购入B公司同日发行的5年期公司债券12 500份，债券票面价值总额为1 250 000元，票面年利率为4.72%，于年末支付本年度债券利息（即每年利息为59 000元），本金在债券到期时一次性偿还。合同约定：B公司在遇到特定情况时可以将债券赎回，且不需要为提前赎回支付额外款项。珠江公司在购买该债券时，预计B公司不会提前赎回。甲公司有意图也有能力将该债券持有至到期，划分为持有至到期投资。假定不考虑所得税、减值损失等因素。

根据以上资料编制珠江公司购买债券、确认每年债券实际利息收入、收到债券利息及收回本金的相关会计分录。

4. 假定上题珠江公司购买的 B 公司债券不是分次付息，而是到期一次还本付息，且利息不是以复利计算。其他资料与第 3 题相同，请编制相关的会计分录。

5. 珠江公司201×发生如下经济业务，请编制相应的会计分录：

（1）201×年3月10日购入G公司股票100 000股，价格5元，另支付证券交易税等交易费用2 500元，已宣告发放现金股利25 000元。珠江公司将其作为可供出售金融资产。

（2）201×年4月20日收到G公司发放的现金股利25 000元

（3）201×年12月31日，G公司股票价格为5.5元。

（4）第2年3月12日，G公司宣布发放201×年现金股利每股0.2元，3月20日，珠江公司收到股利。购入后被投资方宣告发放现金股利，投资方应将现金股利确认为投资收益。

（5）第2年12月31日，G公司股票价格为4.5元。

（6）第4年10月1日，珠江公司以每股4.8元将股票全部转让，同时支付证券交易税等交易费用5 200元，假定第3年的股价没有变化，公允价值变动为0。

6. 201×年1月1日，珠江公司从某证券交易所购入H公司债券100 000份，支付价款11 000 000元，债券票面价值总额为10 000 000元，剩余期限为5年，票面利率为8%，于年末支付本年度债券利息；珠江公司将持有H公司债券划分为持有至到期投资。第2年1月1日，珠江公司为解决资金紧张问题，通过某交易所按每张债券101元出售H公司债券20 000份。当日，每份B公司债券的公允价值为101元、摊余成本为108.21元。将剩余的80 000份H公司债券重分类为可供出售金融资产，假定出售债券时不考虑交易费用及其他相关因素。请编制出售H公司债券20 000份的相关会计分录。

7. 201×年1月1日，珠江公司支付价款100万元（含交易费用）从上海证券交易所购入A公司同日发行的5年期公司债券12 500份，面值125万元，票面利率4.72%，于年末支付本年利息（即每年125×4.72% =5.9万元），本金最后一次偿还。珠江公司划分为持有至到期投资，实际利率为10%。请按照如下事项编制珠江公司应编制的会计分录（以元为单位）：

（1）201×年1月1日，购入债券。

（2）201×年12月31日，确认实际利息收入、收到票面利息。

（3）第2年12月31日，有客观证据表明A公司发生严重财务困难，甲公司据此认定对A公司的债券发生了减值，并预期第3年12月31日将收到利息59 000元，第4年12月31日将收到利息59 000元，但第5年12月31日将仅收到本金800 000元。

（4）第3年12月31日，收到A公司支付的利息59 000元。2011年12月31日，确认实际利息收入、收到票面利息。

（5）第 4 年 12 月 31 日，收到 A 公司支付的利息 59 000 元，并且有客观证据表明 A 公司财务状况显著改善，A 公司的偿债能力有所恢复，估计第 5 年 12 月 31 日将收到利息 59 000 元，本金 1 000 000 元。

（6）第 5 年 12 月 31 日，收到 A 公司支付的利息 59 000 元，实际收到本金 1 000 000 元。

第七章　长期股权投资习题

一、单项选择题

1. 甲公司出资600万元，取得了乙公司60%的控股权，甲公司对该项长期股权投资应采用（　）核算。

A. 权益法　　B. 成本法
C. 市价法　　D. 成本与市价孰低法

2. 甲公司出资1 000万元，取得了乙公司80%的控股权，假如购买股权时乙公司的账面净资产价值为1 500万元，甲、乙公司合并前后同受一方控制。则甲公司确认的长期股权投资成本为（　）万元。

A. 1 000　　B. 1 500　　C. 800　　D. 1 200

3. 根据《企业会计准则》的规定，长期股权投资采用权益法核算时，初始投资成本大于应享有被投资单位可辨认资产公允价值份额之间的差额，正确的会计处理是（　）。

A. 计入投资收益　　B. 冲减资本公积
C. 计入营业外支出　　D. 不调整初始投资成本

4. 甲公司出资1 000万元，取得了乙公司80%的控股权，假如购买股权时乙公司的账面净资产价值为1 500万元，甲、乙公司合并前后不受同一方控制。则甲公司确认的长期股权投资成本为（　）万元。

A. 1 000　　B. 1 500　　C. 800　　D. 1 200

5. 同一控制下的企业合并，合并方发生的与企业合并直接相关的费用应当计入（　）账户。

A. 投资收益　　B. 财务费用　　C. 营业外支出　　D. 管理费用

6. 非同一控制下购买方为进行企业合并发生的各项直接相关费用应当计入（　）。

A. 长期股权投资　　B. 长期待摊费用
C. 当期损益　　D. 所有者权益

7. 非企业合并，且以支付现金取得的长期股权投资，应当按照（　）作为初始投资成本。

A. 实际支付的购买价款
B. 被投资企业所有者权益账面价值的份额
C. 被投资企业所有者权益公允价值的份额
D. 被投资企业所有者权益

8．非企业合并，且以发行权益性证券取得的长期股权投资，应当按照发行权益性证券的（　　）作为初始投资成本。

A．账面价值　　B．公允价值
C．支付的相关税费　　D．市场价格

9．企业收回长期股权投资时，"长期股权投资"科目的账面价值和实际收回金额之间的差额，作为（　　）。

A．长期股权投资　B．投资收益　C．营业外支出　D．其他业务成本

10．某上市公司以银行存款300万元购买A公司30%的股权，购买日A公司所有者权益的账面价值为1 000万元，评估确认的公允价值为900万元。该上市公司对A公司的长期股权投资采用权益法核算，应确认的长期股权投资入账价值为（　　）万元。

A. 0　B．270　C．300　D．240

11．根据《企业会计准则》的规定，长期股权投资采用权益法核算时，下列各项不会引起长期股权投资账面价值变化的是（　　）。

A．被投资单位发生盈利　　B．被投资单位发生净亏损
C．被投资单位计提盈余公积　　D．被投资单位宣告发放现金股利

12．A公司2010年年初按投资份额出资180万元对B公司进行长期股权投资，占B公司股权比例的40%。当年B公司亏损100万元；2011年B公司亏损400万元；2012年B公司实现净利润30万元。2012年A公司计入投资收益的金额为（　　）万元。

A．12　B．10　C．8　D. 0

二、多项选择题

1．在同一控制下的企业合并中，合并方取得的净资产账面价值与支付的合并对价账面价值（或发行股份面值总额）的差额，可能调整（　　）。

A．盈余公积　B．资本公积　C．营业外收入　D．未分配利润

2．下列各项中，应作为长期股权投资取得时初始成本入账的有（　　）。

A．投资时支付的不含应收股利的价款
B．为取得长期股权投资而发生的评估、审计、咨询费
C．投资时支付的税金、手续费
D．投资时支付款项中所含的已宣告而尚未领取的现金股利

3．企业对其他单位进行长期股权投资，依据对被投资企业产生的影响，可以分为（　　）。

A．控制　B．共同控制　C．重大影响　D．无重大影响

4 长期股权投资采用成本法核算时，被投资单位宣告分派现金股利时，投资企业可能计入（　　）科目。

A．"投资收益"　　B．"应收股利"
C．"长期股权投资"　　D．"营业外收入"

5．长期股权投资的权益法的适用范围是（　　）。

A．投资企业能够对被投资企业实施控制的长期股权投资

B．投资企业对被投资企业不具有共同控制或重大影响，并且在活跃市场中没有报价、公允价值不能可靠计量的长期股权投资

C．投资企业对被投资企业具有共同控制的长期股权投资

D．投资企业对被投资企业具有重大影响的长期股权投资

6．下列情况下，长期股权投资应当采用成本法核算的有（　　）。

A．投资企业对被投资企业具有共同控制

B．投资企业对被投资企业具有重大影响

C．投资企业能够对被投资企业实施控制

D．投资企业对被投资企业不具有共同控制或重大影响

7．采用权益法核算时，下列能引起长期股权投资账面价值增减变动的事项有（　　）。

A．发生亏损　　B．发生盈利

C．被投资企业接受实物资产捐赠　　D．被投资企业宣告分派现金股利

8．根据《企业会计准则第2号——长期股权投资》的规定，长期股权投资采用成本法核算时，下列各项会引起长期股权投资账面价值变动的有（　　）。

A．追加投资　　B．减少投资

C．被投资企业实现净利润　　D．被投资企业宣告发放现金股利

三、判断题

1．A公司购入B公司5%的股份，买价322 000元，其中含有已宣告发放、但尚未领取的现金股利8 000元。那么A公司取得长期股权投资的成本为322 000元。（　　）

2．企业进行长期股权投资时，收到的股利不一定都作为企业的投资收益。（　　）

3．长期股权投资采用成本法核算的，应按被投资单位宣告发放的现金股利或利润中属于本企业的部分，借记“应收股利”科目，贷记“投资收益”科目。（　　）

4．采用权益法对长期股权投资进行核算时，被投资单位提取法定盈余公积时，投资企业也应作相应的会计处理。（　　）

5．非企业合并方式取得的长期股权投资，其初始投资成本的确定，与同一控制下企业合并取得的长期股权投资成本确定方法相同。（　　）

6．处置长期股权投资时，应按实际收到的金额，借记“银行存款”等科目，按其账面余额，贷记“长期股权投资”科目，按尚未领取的现金股利或利润，贷记“应收股利”科目，按其差额，贷记或借记“投资收益”科目。已计提减值准备的，还应同时结转减值准备。除上述规定外，还应结转原记入资本公积的相关金额，借记或贷记“资本公积——其他资本公积”科目，贷记或借记“投资收益”科目。（　　）

7．投资企业能够对被投资单位实施控制的长期股权投资，应采用权益法进行核算。（　　）

8．无论以何种形式取得的长期股权投资，实际支付价款或对价中，如果含有已宣告发放但尚未领取的现金股利或利润，应作为应收项目单独核算，不作为取得长期股权投资的成本。（　　）

9．长期股权投资的初始投资成本大于投资时应享有被投资单位可辨认净资产公允价值份额的，应调整长期股权投资的初始投资成本。 （ ）

10．无论是长期股权投资核算的成本法，还是权益法，均应在实际收到股利时确认投资收益。 （ ）

11．长期股权投资取得时的成本是指取得长期股权投资时支付的全部价款，包括所发生的评估、审计、法律服务等费用。 （ ）

四、简答题

1．什么是长期股权投资？

2．什么情况下长期股权投资应当采用成本法核算？

3．什么情况下长期股权投资应当采用权益法核算？

4．企业合并之外的其他方式取得的长期股权投资，其初始投资成本的确定应遵循哪些规定？

5. 同一控制下控股合并与非同一控制下控股合并如何确定各自的初始投资成本？

五、业务处理题

1. 星海公司是珠江公司和中山公司的母公司。2013 年 1 月 1 日，星海公司将其持有的中山公司 60% 的股权转让给珠江公司。2013 年 1 月 1 日，中山公司所有者权益账面价值为 2 000 000 元。珠江公司以支付货币资金 600 000 元，转让大型设备一套（账面原价 1 000 000 元，已提折旧 50 000 元）取得股权。合并日珠江公司“资本公积”余额为 200 000 元，“盈余公积”余额为 300 000 元。根据上述资料，编制珠江公司取得长期股权投资的会计分录。

2．星海公司2013年7月1日通过企业合并取得非关联企业佛山公司60%的股权。作出在以下三种条件下的会计处理：

（1）如果购买日，佛山公司所有者权益公允价值为4 000 000元，星海公司支付货币资金2 800 000元。

（2）如果购买日，佛山公司所有者权益公允价值为4 000 000元，星海公司以转让大型设备一套，公允价值为1 400 000元（该设备账面原价2 000 000元，已提折旧500 000元），并承担长期债务，公允价值为1 000 000元。

（3）如果购买日，佛山公司所有者权益公允价值为5 000 000元，星海公司仍以支付2 800 000元货币资金取得股权。

3．甲企业2012年1月2日以100 000元取得乙企业10%的股份，乙企业所有者权益公允价值为1 000 000元。甲企业对乙企业的投资采用成本法进行核算。投资后乙企业业投资各年度净收益及分派的现金股利见下表：

单位：元

年　度	第1年	第2年	第3年
净收益	100 000	200 000	140 000
分派现金股利	60 000	120 000	130 000

根据上述资料，编制甲企业投资后当年到第3年的会计分录。

4．甲公司2008年1月以320万元对乙公司进行长期股权投资，持股比例为30%。甲公司对该项投资采用权益法进行核算。当时乙公司以公允价值计量的实收资本800万元，资本公积50万元，未分配利润150万元。2008—2013年乙公司以公允价值计量的净损益如下：2008年实现净利润100万元，2009年发生巨额亏损1 500万元，2010年实现净利润300万元，2011年实现净利润200万元，2012年实现净利润1 200万元，2013年宣告分配现金股利100万元。编制甲公司2008—2013年各年相关业务的会计分录。

（1）甲公司初始投资。

（2）甲公司2008年年末按比例分享乙公司的利润。

（3）甲公司2009年年末按比例分担乙公司的损失。

（4）甲公司2010年年末按比例分享乙公司的利润。

（5）甲公司2011年年末按比例分享乙公司的利润。

（6）甲公司2012年年末按比例分享乙公司的利润。

（7）乙公司2013年宣告分派现金股利，甲公司确认应收股利。

第八章　固定资产习题

一、单项选择题

1. 下列各项方法中，不考虑净残值的折旧方法是（　　）。

A. 年限平均法　　B. 年数总和法

C. 工作量法　　D. 双倍余额递减法

2. 企业自营施工建造的固定资产所发生的实际成本，应先通过（　　）科目核算。

A. “管理费用”　B. “生产成本”　C. “制造费用”　D. “在建工程”

3. 固定资产的修理费用，应采取下列哪种核算方式（　　）。

A. 直接计入当期损益　　B. 增加固定资产账面价值

C. 按尚可使用年限进行平均摊销　　D. 在一年内平均摊销

4. 某机器原价 50 000 元，预计使用年限为 5 年，预计净残值率为 4%，按年数总和法计提折旧，该机器第三年应计提的折旧额为（　　）元。

A. 9 600　B. 12 800　C. 1 000　D. 6 400

5. 固定资产扩建中发生的变价收入应记入的科目是（　　）。

A. “在建工程”　　B. “营业外收入”

C. “管理费用”　　D. “固定资产清理”

6. 下列各项固定资产中，不计提折旧的是（　　）。

A. 融资租入的固定资产　　B. 出租的固定资产

C. 季节性停用的厂房　　D. 经营租入的固定资产

7. 对财产清查中盘盈的固定资产，应按（　　）计价入账。

A. 历史成本　　B. 折余价值

C. 重置完全价值　　D. 成本与可变现净值孰低

8. 企业盘亏的固定资产净损失，经批准后应记入（　　）科目。

A. “营业外支出”　　B. “管理费用”

C. “其他业务成本”　　D. “主营业务成本”

9. 企业接受捐赠的固定资产，应按其净值贷记（　　）科目。

A. “营业外收入”　　B. “资本公积”

C. “实收资本”　　D. “银行存款”

10. 企业决定将固定资产出售，其净值应记入（　　）科目的借方。

A. “固定资产清理”　　B. “在建工程”

C. “管理费用”　　D. “待处理财产损溢”

11. 采用出包方式建造固定资产时，企业按协议预付的工程款应借记（　　）科目。

A. “预付账款”　　B. “固定资产清理”

C. “固定资产”　　D. “在建工程”

12. 企业出售旧仓库一座，账面原价 120 万元，预计净残值 2.4 万元，预计使用寿命 40 年，已计提折旧 25 年，计 73.5 万元。出售时发生清理费用 0.8 万元，企业出售收入 60 万元，销售不动产的营业税率 5%，该仓库出售的净损益为（　　）万元。

A. 11.3　　B. 12.7　　C. 9.7　　D. 15.7

13. 企业于 2010 年 1 月 18 日购入设备 1 台，原值 480 000 元，预计净残值 19 200 元，预计使用年限 5 年，采用年限平均法计提折旧。2012 年 9 月 30 日该设备发生减值，公允价值减处置费用后的金额为 180 000 元，未来现金流量的现值为 182 400 元，该设备应计提的减值准备为（　　）元。

A. 51 840　　B. 59 520　　C. 61 600　　D. 69 600

14. 下列各项固定资产中，不计提折旧的是（　　）。

A. 继续使用的已提足折旧的设备

B. 闲置的厂房

C. 融资租入的所有权不属于企业的设备

D. 企业出租的设备

15. 企业决定将机器 1 台出售，根据这项决定，企业应将该机器的净值记入（　　）。

A. “固定资产清理”借方　　B. “营业外支出”借方

C. “资本公积”贷方　　D. “在建工程”借方

16. 固定资产报废清理之后的净损失，应计入的科目是（　　）。

A. “管理费用”　　B. “投资收益”

C. “其他业务成本”　　D. “营业外支出”

17. 企业购入新设备 1 台，实际支付价款 80 000 元，增值税 13 600 元，支付运杂费 1 500 元，安装费 2 200 元，安装完毕，交付使用，该设备入账原值为（　　）元。

A. 97 300　　B. 81 500　　C. 83 700　　D. 93 600

18. 某成套设备原值 280 万元，已提折旧 107.52 万元，预计使用 10 年，已用 4 年，对该设备进行更新改造支出 87.52 万元，预计净残值 10.2 万元，预计使用 6 年，采用年限平均法计提折旧。其年折旧额为（　　）万元。

A. 41.63　　B. 32.51　　C. 43.33　　D. 38.65

19. 红星公司将本公司所生产的消费品 A 产品，用于在建工程，该批产品成本 50 万元，销售价格 90 万元，该批产品增值税率 17%，消费税率 10%，经计算应计入在建工程成本的金额为（　　）万元。

A. 74.3　　B. 65.3　　C. 114.3　　D. 59

20. 红星公司收到长风公司投资投入的全新设备一套，该设备原值 200 万元，增值税 34 万元，双方投资协议约定长风公司投资 220 万元。设备投入后，红星公司以转账支票支付运费 0.7 万元及安装费 0.3 万元，红星公司该项设备账面原始价值应为

（　　）万元。

A. 235　　B. 234　　C. 201　　D. 221

二、多项选择题

1. 下列固定资产中，应计提折旧的是（　　）。
A. 未使用的厂房　　B. 季节性停用的设备
C. 融资租入的固定资产　　D. 经营租出的设备

2. 下列各项中，应计入自营建造工程成本的是（　　）。
A. 工程消耗的钢材10吨价款40 000元
B. 材料的增值税6 800元
C. 工程用材料运费1 000元
D. 工程施工人员工资6 000元

3. 固定资产的特征包括（　　）。
A. 使用寿命超过一个会计年度　　B. 为销售而持有
C. 单位价值较高　　D. 使用中实物形态会发生变化

4. 在计提某项固定资产的全部折旧额中，以后逐渐少提折旧的方法是（　　）。
A. 年限平均法　　B. 工作量法
C. 年数总和法　　D. 双倍余额递减法

5. 影响固定资产折旧的主要因素有（　　）。
A. 固定资产净残值　　B. 固定资产的清理费用
C. 固定资产原值　　D. 固定资产折旧年限

6. 企业一台设备原值600 000元，预计净残值24 000元，预计使用寿命5年，如果分别采用双倍余额递减法和年数总和法，该项固定资产第三年的折旧额分别是（　　）万元。
A. 86 400　　B. 115 200　　C. 82 944　　D. 112 000

7. 企业应设置“固定资产清理”科目，该科目借方登记（　　）。
A. 企业购置的全新固定资产原值　　B. 企业决定出售的固定资产净值
C. 企业决定报废的固定资产净值　　D. 接受捐赠的固定资产原值

8. 下列各项中，应记入“在建工程”科目的是（　　）。
A. 不需要安装的固定资产　　B. 固定资产大修理
C. 需要安装的固定资产　　D. 固定资产改建、扩建

9. 下列说法中正确的是（　　）。
A. 当月购进的固定资产，当月不提折旧
B. 当月减少的固定资产，当月照提折旧
C. 当月购进的固定资产，当月计提折旧
D. 当月减少的固定资产，当月停止折旧

10. 比较双倍余额递减法和年数总和法，其共同点有（　　）。
A. 每期折旧率固定不变　　B. 均属加速折旧法
C. 前期折旧额高，后期折旧额低　　D. 不考虑净残值

11. 固定资产清理，发生的清理损益可能计入的科目为（　　）。
A. “销售费用” B. “管理费用”
C. “营业外收入” D. “营业外支出”

12. 采用年限平均法计提固定资产折旧，对折旧的影响因素包括（　　）。
A. 固定资产原值 B. 预计净残值
C. 固定资产折旧年限 D. 使用部门

13. 当固定资产出现以下（　　）情况时，可以判断固定资产已发生减值。
A. 固定资产市价当期大幅下跌，且跌幅明显高于因时间的推移而预计的下跌
B. 有证据表明固定资产已经陈旧过时
C. 市场利率或其他投资报酬率当期已大幅提高，导致固定资产可收回金额大幅降低
D. 固定资产已经或者将被闲置，终止使用或者计划提前处置

14. 下列各项中，会对固定资产净值产生影响的有（　　）。
A. 对固定资产实施大修理 B. 对固定资产进行改建、扩建
C. 计提固定资产折旧 D. 计提固定资产减值准备

15. 下列项目中，允许计入固定资产价值的是（　　）。
A. 购进固定资产后的安装成本
B. 支付的工程用材料增值税
C. 支付的工程用料运杂费、包装费、保险费
D. 固定资产修理费用

16. 在计提固定资产折旧初期就需要考虑固定资产净残值的折旧方法包括（　　）。
A. 年限平均法 B. 年数总和法
C. 工作量法 D. 双倍余额递减法

17. 下列折旧方法中，计算月折旧率基本不变的是（　　）。
A. 年限平均法 B. 双倍余额递减法
C. 工作量法 D. 年数总和法

18. 企业从外部购入固定资产，其入账原值包括（　　）。
A. 固定资产的买价 B. 运输途中的运杂费
C. 固定资产使用前的调试安装费 D. 增值税

19. 下列各项业务，需要通过“固定资产清理”科目核算的是（　　）。
A. 盘盈固定资产 B. 盘亏固定资产
C. 报废固定资产 D. 出售固定资产

20. 一般在后期少提折旧的方法包括（　　）。
A. 年限平均法 B. 年数总和法
C. 双倍余额递减法 D. 工作量法

三、判断题

1. 固定资产可收回金额指根据固定资产的公允价值减去处置费用后的净额与固定

资产预计未来现金流量的现值两者之间较低者确定。（ ）

2. 采用工作量法，每年计提的折旧额相等。（ ）

3. 企业对融资租入的、在租赁期内不属于企业的固定资产不应计提折旧。（ ）

4. 采用双倍余额递减法提取折旧的前几年，可用固定资产原值直接乘以双倍直线折旧率，计算出年折旧额。（ ）

5. 企业提前报废的固定资产，应补提折旧后再行报废。（ ）

6. 企业对已经出租的固定资产因已收取租金，所以不提折旧。（ ）

7. 企业当月增加的固定资产，从下月起才提取折旧；当月减少的固定资产，当月照常提取折旧。（ ）

8. 企业的一座仓库因长期停用，所以不提折旧。（ ）

9. 企业以经营租赁方式租入汽车一辆，应按工作量法计提折旧。（ ）

10. 自营施工建造固定资产时购进的工程物资，其增值税进项税应抵扣，不计入工程成本。（ ）

11. 购入需要安装的固定资产，应通过“固定资产清理”科目核算。（ ）

12. 固定资产大修理费用开支较大，不能计入当期损益，应当记入固定资产成本。（ ）

13. 企业将大客车一辆对外出售，收入50万元，应考虑计算应交营业税。（ ）

14. 在双倍余额递减法下，企业负担的折旧费用逐年增加。（ ）

15. 在会计实务中，企业采用出包方式建造固定资产，其预付的工程价款属于资产负债表中的“在建工程”项目。（ ）

16. 企业对非生产经营用和出租的固定资产，均不提取折旧。（ ）

17. 企业专门为自营建造固定资产借入款项的利息支出，在固定资产交付使用前应予以资本化。（ ）

18. 固定资产的大修理支出不应增加固定资产价值，但固定资产改建、扩建支出，则应当增加固定资产价值。（ ）

19. 企业接受固定资产投资时，应以双方在合同或协议中确定的价值入账，但合同或协议约定价值不公允的除外。（ ）

20. 企业采用年数总和法计提折旧时，是用固定资产原值直接乘以各年折旧率，分别计算出各年的折旧额。（ ）

四、简答题

1. 什么是固定资产的有形损耗和无形损耗？

2. 影响固定资产折旧的主要因素有哪些？

3. 固定资产折旧的计算方法有哪些？并列出其折旧计算公式。

4. 怎样核算自行建造的固定资产成本？

5. 怎样进行固定资产清查的核算？

6. 如何进行固定资产盘盈、盘亏的核算？

五、业务处理题

1. 固定资产取得的核算

根据某企业发生的如下经济业务编制会计分录：

（1）企业购入数控车床 1 台，购置价 100 000 元，增值税 17 000 元，运输费 2 000 元，用转账支票付款 119 000 元，车床运回，待安装。

（2）对车床进行安装，领用原材料 84 元，另用现金支付安装费用 916 元，安装完毕，机床交付使用。

（3）企业购进新型冲床 1 台，买价 80 000 元，增值税 13 600 元；转账支票付款 93 600 元，冲床运回，交付使用。

（4）企业接受红星公司投资，双方协议约定，红星公司以设备投资 400 万元，红星公司实际投入全新设备价值 410 万元，设备到达企业，并交付使用。

（5）红旗机械有限公司购进东风牌 5 吨载重汽车 1 辆，购置价 68 000 元，增值税 11 560 元，其他费用 440 元，总计 80 000 元，签发转账支票付款，汽车交给车队使用。

（6）企业自营施工建造新车间厂房一座，购入钢材 250 吨，价款 640 000 元，增值税 108 800 元，运费 91 700 元，总计付款 840 500 元，钢材由工地验收。

（7）车间厂房工程领用本企业生产的通风机 4 套，每套单位成本 2 500 元，每套单位售价 5 000 元，总成本 10 000 元，总售价 20 000 元，增值税率 17%。

（8）车间厂房工程领用钢材 230 吨，用于施工，总成本 773 260 元。

（9）车间厂房由于人为原因造成工程中某部件报废，残料折价 1 000 元作为生产用料入库。应由责任者张山负责赔偿 2 000 元。

（10）车间厂房工程即将完工，将剩余钢材 20 吨转作生产用原材料验收入库。

（11）经计算，自营车间厂房工程应负担职工工资 91 200 元。

（12）用转账支票支付车间厂房工程水电费总计 14 900 元。

（13）经计算，应由车间厂房工程负担的长期借款利息为 20 000 元。

（14）车间厂房工程全部完工，交付使用。

（15）企业建造一座仓库，出包给方大建筑公司，预付工程款50万元。

（16）计提应由出包工程负担的长期借款利息30 000元（借款50万元，借款年利率6%，已满1年）。

（17）出包工程竣工，交付使用，总造价530 000元。

2. 固定资产折旧的核算

（1）企业一台设备原值100 000元，预计净残值率4%，预计使用年限为10年，采用年限平均法计提折旧，计算其年折旧率、月折旧率、年折旧额及月折旧额。

（2）企业一台万能铣床，原值120 000元，预计净残值率2%，预计使用年限5年，请用双倍余额递减法和年数总和法分别计算该铣床的各年折旧额。

（3）企业1月15日购进载重汽车1辆，原值200 000元，预计净残值率4%，预计行驶总里程为800 000千米，采用工作量法计提折旧2月份行驶18 000千米。

3. 固定资产改建、扩建的核算

某轮胎生产企业决定改造原第三生产车间，该车间原 1 000 000 元，预计残值 40 000 元，预计使用 50 年，已用 25 年，现开始自营施工，该车间厂房采用年限平均法计提折旧。请根据如下业务作出相应的会计处理：

（1）施工开始后，先后用银行存款支付 100 吨水泥款 30 000 元，40 吨钢材款 200 000 元，其他材料款 80 000 元，材料运费 10 000 元，施工工地用水电费 30 000 元，人工费用 110 000 元，总计付款 460 000 元，已用银行存款支付。

（2）施工中，拆除原车间一阁楼，拆下废料卖给废品站，收到现金 500 元。

（3）工程完工，比之前扩大使用面积 200 平方米，预计增加使用寿命 15 年，即预计未来可继续使用 40 年，预计到期残值为 45 500 元。

4. 固定资产修理的核算

（1）某企业对一生产用机器进行大修理，共支付修理费用 40 000 元，以银行存款支付。该固定资产原值为 150 000 元。

（2）某企业对行政部门电脑设备进行日常维修，发生修理费用 1 000 元，以银行存款支付。

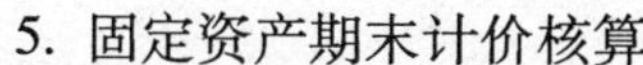

5. 固定资产期末计价核算

某企业于2011年2月5日购进设备1台，原值300 000元，预计残值率2%，预计使用年限为10年，采用年限平均法计提折旧。2012年12月30日发生减值，公允价值减处置费用后的金额为200 000元，未来现金流量的现值为180 000元，计提减值准备后，该设备预计使用年限为8年，预计残值率为1%。请编制期末减值会计分录，并计算减值后每月应提取的折旧金额。

6. 固定资产清理及清查的核算

（1）企业决定将不需用的旧设备1台出售，原价90 000元，已提折旧58 000元，用现金支付清理费用500元，该设备已提减值准备6 000元，取得销售收入28 000元存入银行。

（2）企业将1台设备报废，该设备原值160 000元，预计净残值6 400元，预计使用10年，已提折旧9年，累计折旧138 240元，因技术落后而报废，用现金支付清理费用300元，取得残料收入5 000元存入银行。

（3）企业盘盈设备2台，其中1台重置价值为20 000元，经查明原因，系以前年度会计差错；另一台重置价值为5 000元，均已经有关部门批准，进行账务处理。

（4）企业盘亏机器1台，原价18 000元，已提折旧16 000元，净值2 000元，经批准，列为企业损失。

第九章 无形资产、商誉和长期待摊费用习题

一、单项选择题

1. 与整个企业的存在有关，不能单独出售，也不能用任何方法单独计量的资产是（　　）。

A. 专有技术　　B. 商标权　　C. 土地使用权　　D. 商誉

2. 法律和合同或者企业申请书均未规定有效期和受益年限的无形资产，其价值应按照不少于（　）年的期限摊销。

A. 10　　B. 15　　C. 5　　D. 20

3. 企业出租无形资产取得的收入，应当计入（　　）科目。

A. “主营业务收入”　　B. “其他业务收入”

C. “营业外收入”　　D. “投资收益”

4. 某企业研制一项新技术，开始并无成功的把握。该企业在此研究过程中花费材料费50 000元，支付人工费80 000元。研制成功后申请获得专利权，在申请专利的过程中发生专利登记费30 000元，律师费8 000元。该项专利权的入账价值为（　　）元。

A. 50 000　　B. 130 000　　C. 168 000　　D. 38 000

5. 某企业2008年1月购进一项专利权，购进时确定其价值为100 000元，摊销期限为10年，每年摊销10 000元；2012年12月将该专利权的使用权有偿转让给另一企业，转让期为5年，每年收取转让费12 000元，转让时发生咨询费等相关费用5 000元。2012年年末，该项专利权的账面价值为（　　）元。

A. 100 000　　B. 50 000　　C. 38 000　　D. 43 000

6. 甲企业兼并乙企业，甲企业实际支付800万元，乙企业全部资产总额的公允价值为2 000万元，全部负债总额的公允价值为1 300万元，乙企业的商誉价值为（　　）万元。

A. 700　　B. 600　　C. 100　　D. 200

7. 自创并经法律程序申请取得的无形资产，其申请登记费应计入（　　）。

A. 管理费用　　B. 无形资产

C. 其他业务支出　　D. 开办费

8. 企业出售无形资产取得的净收入，应当计入（　　）。

A. 主营业务收入　　B. 其他业务收入

C. 营业外收入　　D. 投资收益

9. 企业在筹建期间内发生的开办费，从企业开始生产经营的当月一次摊入（　　）科目。

A. “管理费用”　　B. “财务费用”

C. “长期待摊费用”　　D. “制造费用”

10. 某企业出售一项3年前取得的专利权，该专利取得时的成本为20万元，按10年摊销，出售时取得收入为20万元，营业税税率为5%。则出售该项专利发生的当期损益为（　）万元。（假设不考虑城市维护建设税和教育费附加）

A. 5　　B. 6　　C. 15　　D. 16

二、多项选择题

1. 只有同时具有（　　）特征的经济资源才能确认为无形资产。

A. 无实体性　　B. 长期性　　C. 不确定性　　D. 可辨认性

2. 企业的下列资产中，可以单独对外转让的是（　　）。

A. 专利权　　B. 商标权　　C. 土地使用权　　D. 商誉

3. 根据无形资产的不同分类方法，著作权应属于（　　）。

A. 可辨认无形资产　　B. 不可辨认无形资产

C. 有期限无形资产　　D. 无期限无形资产

4. 下列各项中，不属于无形资产的是（　　）。

A. 国有企业通过无偿划拨方式取得的土地使用权

B. 尚未注册的商标

C. 企业购入的土地使用权

D. 企业购入的专有技术

5. 长期待摊费用主要指（　　）。

A. 企业筹建期间所发生的费用

B. 摊销期在1年以上的固定资产的大修理支出

C. 股票发行费

D. 固定资产的日常小支出

6. 出租无形资产的成本包括（　　）。

A. 无形资产的取得成本　　B. 支付律师费、咨询费等费用

C. 无形资产的摊余价值　　D. 出租无形资产应交纳的税金

7. 企业取得无形资产的途径有（　　）。

A. 购入　　B. 接受投资　　C. 接受捐赠　　D. 自行研究开发

8. 企业接受捐赠的无形资产应按（　　）入账。

A. 捐赠方账面价值　　B. 捐赠方提供的有关凭证

C. 同类商品市价　　D. 未来现金流量现值

9. 可辨认的无形资产包括（　　）。

A. 商誉　　B. 专利权　　C. 商标权　　D. 著作权

10. 使用寿命有限的无形资产，如果预计使用年限超过了相关合同规定的受益年限或法律规定的有效年限，无形资产的摊销期限一般按下列（　　）原则确定。

A. 合同规定了受益年限但法律没有规定有效年限的，摊销年限不应超过受益年限

B. 合同没有规定受益年限但法律规定了有效年限，摊销年限应不超过有效年限

C. 合同规定了受益年限，法律也规定了有效年限的，摊销年限不应超过受益年限和有效年限两者之中较短者

D. 合同没有规定受益年限，法律也没有规定有效年限的，摊销年限不应超过10年

三、判断题

1. 自创无形资产是指企业自行开发、研制的无形资产。（ ）

2. 企业自行研究开发的支出，应全部予以资本化支出。（ ）

3. 企业取得的无形资产，只有在其产生的经济利益很可能流入企业且其成本能够可靠地计量的情况下，才能加以确认。（ ）

4. 企业计提无形资产减值准备时，借记“管理费用——无形资产减值准备”科目，贷记“无形资产减值准备”科目。（ ）

5. 对于使用寿命不确定的无形资产，其价值不应摊销。（ ）

6. 企业在筹建期间所发生的全部费用应当先在长期待摊费用中归集，再从企业开始生产经营的当月起一次计入开始生产经营当月的损益。（ ）

7. 无形资产的应摊销金额为其成本扣除预计残值后的余额，已计提减值准备的无形资产，还应扣除已计提的无形资产减值准备累计金额。（ ）

8. 商誉是可以为企业带来超额盈利的一切有利的要素和情形。（ ）

9. 无形资产的摊销可以采用平均年限法、工作量法、双倍余额递减法和年数总和法。（ ）

10. 年末对无形资产的账面价值进行检查，如果出现减值，应当确认减值损失。无形资产减值损失一经确认，在以后会计期间可以转回。（ ）

四、简答题

1. 什么是无形资产？无形资产有哪些特征？

2. 无形资产如何分类？

3. 什么是商誉？如何确认外购商誉的入账价值？

4. 什么是长期待摊费用？开办费包含哪些内容？

五、业务处理题

1. 练习无形资产的核算

根据如下资料，编制相关的会计分录：

（1）企业2012年1月1日外购一项专利权，双方协商议定的价格为300 000元，以银行存款支付。

（2）企业购入的专利权法定有效期限为10年，合同规定的受益期限为8年，采用平均年限法摊销，计算该项专利权月摊销额并编制有关的会计分录。

（3）2012年1月1日，该企业将上述专利权出售给另一企业，取得收入200 000元，存入银行，应交营业税10 000元，应交城市维护建设税700元，应交教育费附加300元，用银行存款支付律师费3 000元，该项无形资产的原始价值为300 000元，累计摊销额为75 000元，计提减值准备100 000元。编制出售该无形资产的会计分录，并计算出售无形资产的净损益。

（4）企业接受投资者投入的土地使用权，协议作价 500 000 元。

（5）企业接受外单位捐赠的一项非专利技术，经评估机构作价为 360 000 元。

（6）企业自行开发一项无形资产，投入成本 200 000 元，另支付评估费 20 000 元、律师费 10 000 元、工商注册费 30 000 元，均以银行存款支付。

（7）2011 年 1 月 1 日，企业外购无形资产，实际支付价款 1 200 000 元。其有效年限为 10 年，预计使用年限为 6 年。2012 年 12 月 31 日，该项无形资产发生减值，预计可收回金额为 250 000 元。

（8）2012年1月1日，企业将某商标权出租给另一企业使用，租期为4年，每年收取租金200 000元，租金收入适用的营业税税率为5%，企业在出租期间内不再使用该商标权，该商标权系企业2011年1月1日购入的，初始入账价值为2 100 000元，预计使用年限为15年，采用直线法摊销（假定不考虑营业税以外的其他税费并按年摊销）。

2. 练习商誉的核算

某企业购买乙企业，实际支付的价款为1 000 000元，被购买企业的存货（产成品）价值为200 000元，公允价值为200 000元；固定资产的账面价值为800 000元，累计折旧为300 000元，固定资产的公允价值为550 000元；土地使用权账面价值为400 000元，公允价值为500 000元；乙企业的全部负债（全部为流动负债）公允价值为400 000元。

根据上述资料，计算企业该笔交易产生的商誉，并编制相关的会计分录。

第十章　投资性房地产习题

一、单项选择题

1．下列不属于企业投资性房地产的是（　　）。

A．房地产开发企业将作为存货的商品房以经营租赁方式出租

B．企业开发完成后用于出租的房地产

C．企业持有并准备增值后转让的土地使用权

D．房地产企业拥有并自行经营的饭店

2．某企业的投资性房地产采用公允价值计量模式。2012 年 1 月 31 日购入一幢建筑物并于同日出租。该建筑物的成本为 500 万元，预计使用年限为 20 年，预计净残值为 20 万元。2012 年应该计提的折旧额为（　　）万元。

A. 0　　B．25　　C．24　　D．20

3．某企业的投资性房地产采用公允价值计量模式。2012 年 1 月 1 日，该企业将一项固定资产转换为投资性房地产。该固定资产的账面余额为 100 万元，已提折旧 20 万元，已计提减值准备 10 万元。该投资性房地产的公允价值为 75 万元。转换日投资性房地产的入账价值为（　　）万元。

A．100　　B．80　　C．70　　D．75

4．采用成本模式进行后续计量的投资性房地产摊销时，应借记（　　）科目。

A．“投资收益”　　B．“其他业务成本”

C．“营业外收入”　　D．“管理费用 ”

5. 2012 年 1 月 1 日，甲公司购入一幢用于出租的建筑物，取得发票上注明的价款为 100 万元，另该建筑物发生的契税为 2 万元，所有款项以银行存款支付。该投资性房地产的入账价值为（　　）万元。

A．102　　B．100　　C．98　　D．104

6．2012 年 1 月 1 日，甲公司用银行存款 9 360 000 元购入的建筑物，预计使用寿命为 20 年，预计净残值为零，采用直线法计提折旧。2012 年应计提的折旧额为（　　）元。

A．468 000　　B．429 000　　C．439 000　　D．478 000

7．存货转换为采用公允价值模式计量的投资性房地产，投资性房地产应当按照转换当日的公允价值计量。转换当日的公允价值小于原账面价值的其差额通过（　　）科目核算。

A．“营业外支出”　　B．“公允价值变动损益”

C．“投资收益”　　D．“其他业务收入”

8. 企业处置一项以公允价值模式计量的投资性房地产，实际收到的金额为100万元，投资性房地产的账面余额为80万元。其中成本为70万元，公允价值变动为10万元。该项投资性房地产是由自用房地产转换的，转换日公允价值大于账面价值的差额为10万元。假设不考虑相关税费，处置该项投资性房地产的净收益为（ ）万元。

A. 30　　B. 20　　C. 40　　D. 10

9. 下列对投资性房地产进行后续计量的说法正确的有（ ）。

A. 企业通常应当采用公允价值模式对投资性房地产进行后续计量，也可采用成本模式对投资性房地产进行后续计量

B. 企业通常应当采用成本模式对投资性房地产进行后续计量，也可采用公允价值模式对投资性房地产进行后续计量

C. 同一企业对不同的投资性房地产可以采用不同的计量模式

D. 企业只能采用成本价值模式对投资性房地产进行后续计量

10. 企业出售、转让、报废投资性房地产时，应当将处置收入计入（ ）。

A. 公允价值变动损益　　B. 营业外收入

C. 其他业务收入　　D. 资本公积

二、多项选择题

1. 下列各项中，不属于投资性房地产的是（ ）。

A. 房地产企业开发的准备出售的房屋

B. 房地产企业开发的已出租的房屋

C. 企业持有的准备建造房屋的土地使用权

D. 企业以经营租赁方式租入的建筑物

2. 下列有关投资性房地产的说法中，正确的有（ ）。

A. 企业将自用房地产转换为采用公允价值模式计量的投资性房地产，转换当日的公允价值大于原账面价值的，其差额计入所有者权益

B. 企业将自用建筑物或土地使用权停止自用改为出租，其转换日为租赁期开始日

C. 企业将自用建筑物或土地使用权停止自用改为出租，在成本模式下，应当将房地产转换前的账面价值作为转换后的入账价值

D. 企业将自用房地产转换为采用公允价值模式计量的投资性房地产，转换当日的公允价值小于原账面价值的，其差额计入所有者权益

3. 采用公允价值模式进行后续计量的投资性房地产，应当同时满足（ ）条件。

A. 投资性房地产所在地有活跃的房地产交易市场

B. 企业能够从活跃的房地产交易市场上取得同类或类似房地产的市场价格及其他相关信息，从而对投资性房地产的公允价值作出合理的估计

C. 所有的投资性房地产有活跃的房地产交易市场

D. 企业能够取得交易价格的信息

4. 下列各项应计入一般企业“其他业务收入”账户的有（ ）。

A. 出售投资性房地产的收入

B. 出租建筑物的租金收入

C. 出售自用房屋的收入

D. 将持有并准备增值后转让的土地使用权予以转让所取得的收入

5. 下列各项中，不影响企业当期损益的是（　　）。

A. 采用成本计量模式，期末投资性房地产的可收回金额高于账面价值

B. 采用公允价值计量模式，期末投资性房地产的公允价值低于账面价值

C. 采用公允价值计量模式，期末投资性房地产的公允价值高于账面价值

D. 自用的房地产转换为采用公允价值模式计量的投资性房地产时，转换日房地产的公允价值大于账面价值

6. 下列情况下，企业可将其他资产转换为投资性房地产的有（　　）。

A. 原自用土地使用权停止自用改为出租

B. 房地产企业将开发的准备出售的商品房改为出租

C. 自用办公楼停止自用改为出租

D. 出租的厂房收回改为自用

7. 企业将自用房地产或存货转换为采用公允价值模式计量的投资性房地产，下列说法正确的有（　　）。

A. 自用房地产或存货的房地产为采用公允价值模式计量的投资性房地产，该项投资性房地产应当按照转换当日的公允价值计量

B. 自用房地产或存货转换为采用公允价值模式计量的投资性房地产，该项投资性房地产应当按照转换当日的账面价值计量

C. 转换当日的公允价值小于原账面价值的差额计入“公允价值变动损益”

D. 转换当日的公允价值小于原账面价值的其差额计入“资本公积——其他资本公积”

8. 关于投资性房地产的计量模式，下列说法正确的是（　　）。

A. 已经采用公允价值模式计量的投资性房地产，不得从公允价值模式转为成本模式

B. 已经采用成本模式计量的投资性房地产，不得从成本模式转为公允价值模式

C. 采用公允价值模式计量的，不对投资性房地产计提折旧或进行摊销

D. 企业对投资性房地产计量模式一经确定不得随意变更

三、判断题

1. 期末企业应将投资性房地产的账面余额单独列示在资产负债表上。（　　）

2. 企业以融资租赁方式出租建筑物应作为投资性房地产进行核算。（　　）

3. 企业不论在成本模式下，还是在公允价值模式下，投资性房地产取得的租金收入，均确认为其他业务收入。（　　）

4. 企业采用公允价值模式进行后续计量的，不对投资性房地产计提折旧或进行摊销，应当以资产负债表日投资性房地产的公允价值为基础调整其账面价值，公允价值

与原账面价值之间的差额计入其他业务成本或其他业务收入。　（　）

5．已采用公允价值模式计量的投资性房地产，不得从公允价值模式转为成本模式。　（　）

6．在以成本模式计量的情况下，将作为存货的房地产转换为投资性房地产的，应按其在转换日的账面余额，借记“投资性房地产”科目，贷记“开发产品”等科目。　（　）

7．符合一定条件时，成本模式可以向公允价值模式转换，公允价值模式可以向成本模式转换。

8．自用房地产或存货转换为采用公允价值模式计量的投资性房地产时，投资性房地产应当按照转换当日的公允价值计量，公允价值与原账面价值的差额计入当期损益（公允价值变动损益）。　（　）

9．企业出售投资性房地产，应当将处置收入扣除其账面价值和相关税费后的金额直接计入到所有者权益。　（　）

四、简答题

1．什么是投资性房地产？

2．投资性房地产具有哪些特征？

3．采用公允价值模式进行后续计量的投资性房地产，应当同时满足哪些条件？

4．投资性房地产的后续计量模式有哪些？

5．企业将自用土地使用权或建筑物转换为采用公允价值模式计量的投资性房地产时应如何进行会计处理？

五、业务处理题

1. 2012年4月20日乙公司购买一块土地使用权，购买价款为2 000万元，支付相关手续费30万元，款项全部以银行存款支付。企业购买后准备等其增值后予以转让，乙公司对该投资性房地产采用公允价值模式进行后续计量。该项投资性房地产2012年取得租金收入为150万元，已存入银行，假定不考虑其他相关税费。该投资性房地产2012年12月31日的公允价值为2000万元。

请编制乙公司相关业务的会计分录（金额单位用万元表示）。

2. 2012年3月10日，甲房地产开发公司与乙企业签订了租赁协议，将其开发的一栋写字楼出租给乙企业，租赁期开始日为2012年4月15日。2012年4月15日，该写字楼的账面余额为45 000万元，公允价值为47 000万元。2012年12月31日，该项投资性房地产的公允价值为48 000万元。甲公司对该投资性房地产采用公允价值模式进行后续计量。

请编制甲公司相关业务的会计分录。

3. 甲公司2010—2012年与投资性房地产有关的业务资料如下：

（1）2010年1月，甲公司购入一幢建筑物，取得的增值税专用发票上注明的价款为800万元，款项以银行存款转账支付。不考虑其他相关税费。

（2）甲公司购入的上述用于出租的建筑物预计使用寿命为15年，预计净残值为53万元，采用年限平均法按年计提折旧。

（3）甲公司将取得的该项建筑物自当月起用于对外经营租赁，甲公司对该房地产采用成本模式进行后续计量。

（4）甲公司该项房地产2010年取得租金收入为90万元，已存入银行。假定不考虑其他相关税费。

根据上述业务，进行如下会计处理：

（1）编制甲公司2010年1月取得该项建筑物的会计分录（金额单位用万元表示）。

（2）计算2010年度甲公司对该项建筑物计提的折旧额，并编制相应的会计分录（金额单位用万元表示）。

（3）编制甲公司2010年取得该项建筑物租金收入的会计分录（金额单位用万元表示）。

（4）计算2011年度甲公司对该项建筑物计提的折旧额，并编制相应的会计分录（金额单位用万元表示）。

（5）计算甲公司该项房地产2011年年末的账面价值（金额单位用万元表示）。

4. 长城公司于2009年12月31日将一建筑物对外出租并采用公允价值模式计量，租期为3年，每年12月31日收取租金200万元。出租当日，该建筑物的成本为2 700万元，已计提折旧400万元，尚可使用年限为20年，公允价值为1 700万元。2010年12月31日，该建筑物的公允价值为1 830万元；2011年12月31日，该建筑物的公允价值为1 880万元；2012年12月31日，该建筑师的公允价值为1 760万元；2013年1月5日将该建筑物对外出售，收到1 800万元存入银行。

编制长城公司相关业务的会计分录（金额单位用万元表示）。

第十一章 流动负债习题

一、单项选择题

1. 下列项目中，不属于职工薪酬的有（ ）。
A. 工伤保险费 B. 非货币性福利
C. 职工津贴和补贴 D. 职工报销的飞机票

2. 某工厂受托加工一批应税消费品，材料成本为30 000元，加工费5 000元，消费税税率为30%，该工厂无同类消费品，则该批消费品的消费税计税价格为（ ）元。
A. 42 000 B. 50 000 C. 45 500 D. 35 000

3. 某工厂购进一批原材料，增值税发票上注明：买价为10 000元，增值税税率17%。另支付运费1000元，取得运费发票。该笔业务可计算的增值税进项税额为（ ）元。
A. 1 770 B. 1 700 C. 1 800 D. 2 700

4. 某一般纳税企业采用托收承付结算方式从其他企业购入原材料一批，货款为200 000元，增值税税额为34 000元，对方代垫运杂费6 000元，该原材料已经验收入库。该购买业务所发生的应付账款的入账价值为（ ）元。
A. 240 000 B. 234 000 C. 206 000 D. 200 000

5. 小规模纳税企业购入原材料取得的增值税专用发票上注明：货款20 000元，增值税3 400元，在购入材料的过程中另支付运杂费600元。则该企业原材料的入账价值为（ ）元。
A. 24 000 B. 20 600 C. 20 540 D. 23 400

6. 工业企业销售不动产时，按规定应缴纳的营业税，应借记（ ）科目。
A. “其他业务支出” B. “营业务税金及附加”
C. “固定资产清理” D. “管理费用”

7. 企业计算应交营业税的“营业额”是指（ ）。
A. 对外销售产品的收入
B. 对外转让原材料的收入
C. 转让机器设备等固定资产的收入
D. 提供应税劳务、出租无形资产或销售不动产向对方收取的全部价款和价外费用

8. 下列各项中，不属于流动负债项目的是（ ）。
A. 预计负债 B. 或有负债 C. 预收账款 D. 应付股利

9. 企业按照规定计提向住房公积金管理机构缴存的住房公积金，应该贷记（　　）科目。

A. “其他应付款”　　B. “管理费用”

C. “应付职工薪酬”　　D. “其他应交款”

10. 企业在无形资产研究阶段发生的职工薪酬应当（　　）。

A. 计入到无形资产成本　　B. 计入到在建工程成本

C. 计入到长期待摊费用　　D. 计入到当期损益

11. 下列职工薪酬中，不应根据职工提供服务的受益对象计入成本费用的是（　　）。

A. 因解除与职工的劳动关系给予的补偿

B. 构成工资总额的各组成部分

C. 工会经费和职工教育经费

D. 医疗保险费、养老保险费、失业保险费、工伤保险费和生育保险费等社会保险费

12. 下列税金中，与企业计算损益无关的是（　　）。

A. 消费税　　B. 一般纳税企业的增值税

C. 所得税　　D. 城市建设维护税

13. 一般纳税人企业购入原材料取得的增值税专用发票上注明：货款 20 000 元，增值税 3 400 元，在购入材料的过程中另支付运杂费 600 元。则该企业原材料的入账价值为（　　）元。

A. 24 000　　B. 20 600　　C. 20 540　　D. 23 400

14. 企业如果发生无法支付的应付账款时，应计入（　　）。

A. 营业外收入　　B. 管理费用　　C. 营业外支出　　D. 资本公积

15. 甲企业为一般纳税企业，采用托收承付结算方式从其他企业购入原材料一批，货款为 100 000 元，增值税为 17 000 元，对方代垫的运杂费 2 000 元，该原材料已经验收入库。该购买业务所发生的应付账款入账价值为（　　）元。

A. 117 000　　B. 100 000　　C. 119 000　　D. 102 000

16. 短期借款利息核算不会涉及下列哪个账户（　　）。

A. 短期借款　　B. 应付利息　　C. 财务费用　　D. 银行存款

17. 应由生产产品、提供劳务负担的职工薪酬，应当（　　）。

A. 计入管理费用　　B. 计入存货成本或劳务成本

C. 确认为当期费用　　D. 计入销售费用

18. 企业收取包装物押金及其他各种款项时，应贷记（　　）科目。

A. “营业外收入”　　B. “其他业务收入”

C. “其他应付款”　　D. “其他应收款”

19. 某企业收购农产品，实际支付的价款为 200 000 元，假设抵扣率 10%，按规定准予抵扣的进项税额为（　　）。

A. 20 000 元　　B. 34 000 元　　C. 29 060 元　　D. 18 182 元

20. 购货折扣能否取得是企业资金调度能力和经营管理水平的综合体现，因而丧

失的现金折扣是一种（　　）。

A. 理财收益　　B. 货物采购成本的减少

C. 理财费用　　D. 货物采购成本的增加

二、多项选择题

1. 下列各项中，应通过“其他应付款”科目核算的有（　　）。

A. 应付短期借款利息　　B. 收取的包装物押金

C. 存入保证金　　D. 应付现金股利

E. 应付产品质量保证金

2. 视同销售业务，计算增值税销售额的确定方法包括（　　）。

A. 按当月同类货物的平均销售价格确定

B. 按最近时期同类货物的平均销售价格确定

C. 按最低出厂价格确定

D. 按组成计税价格计算

3. 下列各项中，属于增值税会计核算中视同销售业务的有（　　）。

A. 产成品用于新产品生产　　B. 产成品用于在建工程

C. 产成品用于对外投资　　D. 购进原材料用于在建工程

E. 产成品捐赠给灾区

4. 对增值税一般纳税企业，下列各项业务中，需要转出进项税额的有（　　）。

A. 购进物资用于对外长期股权投资　　B. 购进物资发生非正常损失

C. 购进物资用于工程项目　　D. 购进物资用于集体福利

E. 购进物资生产的产品用于广告

5. 在工业企业中，通过“营业税金及附加”科目核算的是（　　）。

A. 应交增值税　　B. 应交消费税

C. 应交营业税　　D. 应交所得税

E. 教育费附加

6. 企业分配工资费用，应贷记“应付职工薪酬”科目，借记的科目可能有（　　）。

A. “制造费用”　　B. “研发支出”

C. “管理费用”　　D. “销售费用”

E. “生产成本”

7. 一般纳税人会计核算上，可以作为确定购入货物或接受应税劳务支付的可以抵扣的增值税（进项税额）并作为记账依据的凭证有（　　）。

A. 增值税专用发票　　B. 进口货物的完税凭证

C. 收购免税农产品的收购凭证　　D. 运输发票

E. 购入货物的入库凭证

8. 流动负债按是否确定可分为（　　）。

A. 货币性负债　　B. 确定负债

C. 或有负债　　D. 非货币性负债

E. 到期负债

9. 应付职工薪酬包括（ ）。

A. 职工年终奖

B. 支付租赁房屋租金免费提供给职工居住

C. 工会经费

D. 医疗保险

E. 因解除与职工的劳动合同关系给予的补偿

10. “应付利息”的计算可以采用的利率有（ ）。

A. 实际利率 B. 估计利率 C. 平均利率 D. 合同利率

11. 下列各项中，应通过“应付职工薪酬”科目核算的有（ ）。

A. 基本工资 B. 经常性奖金

C. 养老保险费 D. 以现金结算的股份支付

12. 下列属于职工薪酬中所说的职工是（ ）。

A. 全职、兼职职工 B. 董事会成员

C. 内部审计委员会成员 D. 劳务用工合同人员

13. 对于营业税来说，企业在核算时可能借记的科目有（ ）。

A.“营业税金及附加” B.“营业费用”

C.“固定资产清理” D.“其他业务成本”

14. 下列税金中，不考虑特殊情况时，会涉及抵扣情形的有（ ）。

A. 一般纳税人购入货物用于生产所负担的增值税

B. 委托加工收回后用于连续生产应税消费品

C. 取得运费发票的相关运费所负担的增值税

D. 从小规模纳税人购入货物取得普通发票的增值税

15. 按照规定，企业可以计入到“营业税金及附加”科目的税金有（ ）。

A. 土地增值税 B. 消费税

C. 城市维护建设税 D. 土地使用税

16. 下列税金中，应该计入在建工程或固定资产成本的有（ ）。

A. 增值税 B. 车辆购置税 C. 土地使用税 D. 土地增值税

17. 下列属于应该计入到管理费用科目的税金有（ ）。

A. 城市维护建设税 B. 印花税

C. 车船使用税 D. 土地使用税

18. 下列业务中，企业通常视同销售处理的有（ ）。

A. 销售代销货物 B. 企业将委托加工的货物用于投资

C. 企业将自产的产品用于集体福利 D. 在建工程领用企业外购的原材料

19. 在核算应付利息时，涉及的科目有（ ）。

A. “在建工程” B. “制造费用”

C. “管理费用” D.“财务费用”

20. 我国会计实务中，生产经营期间为构建固定资产发生的长期借款利息费用，可能计入（ ）科目。

A.“在建工程” B.“长期借款”
C.“长期待摊费用” D.“财务费用”

三、判断题

1. 企业委托加工应税消费品（收回后用于连续生产应税消费品）支付的消费税应计入委托加工的消费品的成本中。（ ）

2. 流动负债按偿还方式分类可分为确定负债和或有负债。（ ）

3. 总价法是按发票价格扣除现金折扣后的金额入账。（ ）

4. 预收账款不多的企业，也可以不设“预收账款”科目，而将预收账款并入“应收账款”科目核算。（ ）

5. 提供给职工配偶的福利也在“应付职工薪酬”科目核算。（ ）

6. 增值税税率有17%和13%两档。（ ）

7. 取得运费单据，可按运费金额的7%计算增值税进项税额。（ ）

8. 小规模纳税人可以抵扣进项税额。（ ）

9. 或有负债经济利益流出的可能性很小。（ ）

10. 收到的包装物押金应在“其他应付款”科目中核算。（ ）

11. 完成等待期内的服务或达到规定业绩条件以后才可行权的以现金结算的股份支付，在等待期内的每个资产负债表日，依然按照账面价值计量。（ ）

12. 职工薪酬是指企业为获得职工提供的服务而给予各种形式的报酬以及其他相关支出（ ）

13. 工会经费和职工教育经费不属于职工薪酬的范围，不通过“应付职工薪酬”科目核算。（ ）

14. 因解除与职工的劳动关系给予的补偿，应当根据职工提供服务的受益对象分别计入成本费用。（ ）

15. 职工薪酬中的非货币性福利应当根据职工提供服务的受益对象分别计入成本费用。（ ）

16. 企业生产工人的医疗保险、养老保险、失业保险、工伤保险费和生育保险费等社会保险费应计入当期管理费用。（ ）

17. 短期借款利息在预提或实际支付时均应通过短期借款科目核算。（ ）

18. 企业生产或委托加工的货物用于非应税项目，由于不是销售，所以不必计算缴纳增值税。（ ）

19. 计提应付职工薪酬时，国家规定了计提比例的，应当按照国家规定的标准计提；没有规定计提基础和计提比例的，企业不得预计当期应付职工薪酬。（ ）

20. 一般纳税企业购入货物支付的增值税，均应先通过“应交税费”科目进行核算，然后再将购入货物不能抵扣的增值税进项税额从“应交税费”科目中转出。（ ）

四、简答题

1．简述流动负债的分类。

2．应付账款金额的确定有哪两种方法？这两种方法分别是如何核算的？

3．简述职工薪酬的内容。

五、业务处理题

1．长江公司因流动资金周转需要，2012 年 4 月 1 日向银行借入 200 000 元，期限为 6 个月，年利率为 7.5%，到期一次还本付息。根据上述资料，编制会计分录。

（1）借款发生时：

（2）2012 年 4 月 30 日，计算尚未支付的利息时：

（3）到期偿还本息时：

2. 惠东公司向 A 公司购入材料一批，价款 50 000 元，增值税率为 17%，付款条件为 2/10，N/30。材料已验收入库，货款暂欠。惠东公司已于 8 日后付款。根据上述资料，编制会计分录。

（1）购入材料时：

（2）8 天后付款时：

3. 长江公司向 A 公司购入材料一批，价款 40 000 元，增值税率为 17%，材料已验收入库，货款暂欠。长江公司已于 1 个月后付款。根据上述资料，编制会计分录。

（1）购入材料时：

（2）1 个月后付款时：

4. 长江公司（一般纳税企业）2012 年 2 月 1 日购入一批价格为 30 000 元的商品（尚未验收入库），收到增值税专用发票一张，注明增值税额为 5 100 元；同时出具了一张期限为 3 个月的带息商业承兑汇票，年利率为 4%。该企业采用实际成本法核算，根据上述资料，编制会计分录。

（1）2012 年 2 月 1 日购入商品时：

（2）到期付款时：

5. 长江公司（一般纳税企业）2012 年 5 月 1 日购入一批价格为 20 000 元的材料，收到增值税专用发票一张，注明增值税额为 3 400 元；材料已验收入库；长江同时出具了一张期限为 3 个月的银行承兑汇票，根据上述资料，编制会计分录。

（1）2012 年 5 月 1 日购入材料时：

（2）到期付款时：

6. 珠江公司本月应付职工薪酬总额为221 000元，其中车间生产工人工资130 000元，车间管理人员工资30 000元，厂部行政管理人员工资25 000元，从事专项工程人员工资10 000元，专设销售人员工资6 000元，研发人员工资20 000元。当月28日已用银行存款发放工资完毕。根据上述资料，编制会计分录。

（1）计算应发工资时：

（2）发放工资时：

7. 承上例，企业为上述部门职工交纳社会保险费，交纳比例为10%。各项社会保险费已用银行存款交纳。根据上述资料，编制会计分录。

（1）计算应交社会保险费时：

（2）实际交纳社会保险费时：

8．某一般纳税企业购入原材料一批，增值税专用发票上注明的原材料价款700万元，增值税税额为119万元。货款已经支付，材料已到达并验收入库。该企业当期销售产品不含税收入为1 000万元，货款尚未收到。假如该产品适用增值税率为17%，不缴纳消费税。根据上述经济业务，编制会计分录。

（1）购入材料时：

（2）销售产品时：

9．某一般纳税企业收购农产品一批，适用扣除率为13%，实际支付的价款为200万元，收购的农产品已入库。根据上述资料，编制会计分录。

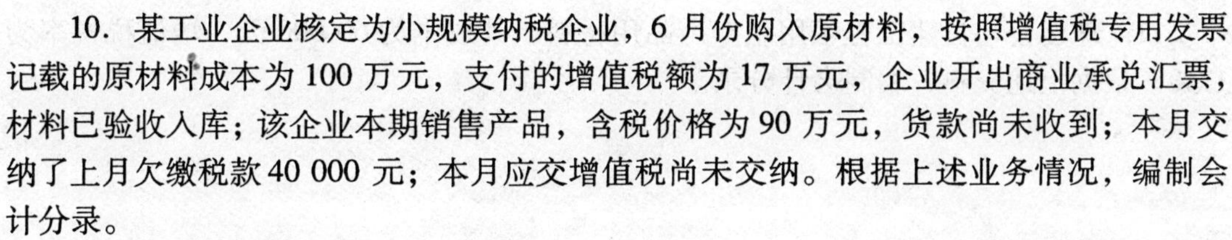

10. 某工业企业核定为小规模纳税企业，6 月份购入原材料，按照增值税专用发票记载的原材料成本为 100 万元，支付的增值税额为 17 万元，企业开出商业承兑汇票，材料已验收入库；该企业本期销售产品，含税价格为 90 万元，货款尚未收到；本月交纳了上月欠缴税款 40 000 元；本月应交增值税尚未交纳。根据上述业务情况，编制会计分录。

（1）购进货物时：

（2）销售货物时：

（3）计算并转出本月应交而未交纳的增值税时：

（4）交纳上月增值税时：

11. 珠江公司自建工程领用生产产品用材料，其成本为60 000元，增值税税率为17%。根据上述资料，编制会计分录。

12. 某公司（一般纳税企业）当月销售摩托车20辆，每辆售价1万元（不含增值税），货款尚未收到，摩托车每辆成本0.8万元。适用消费税率为10%。根据上述资料，编制会计分录。

13. 某汽车制造企业（一般纳税企业）将自产的一辆汽车用于在建工程，同类汽车销售价格为30万元，该汽车成本为22万元，适用消费税税率为5%，增值税税率为17%。根据上述资料，编制会计分录。

14. 鸿发公司委托外单位加工材料（非金银首饰）一批，原材料价款为40 000元，加工费20 000元，增值税3 400元，由受托方代收代缴的消费税额为3 000元，材料已经加工完毕入库，加工费已用银行存款支付。假如鸿发公司原材料按实际成本核算。根据上述资料，编制会计分录。

（1）如果委托方鸿发公司收回加工后的材料用于继续生产应税消费品：

（2）如果委托方鸿发公司收回加工后的材料直接对外销售：

15. 某歌厅本月提供包间、点歌等业务销售额共计100 000元，营业税税率为20%。根据上述资料，计算应交营业税款并编制会计分录。

16. 长江公司转让一套房屋，账面金额为550 000元，已提折旧150 000元，双方协商价格为500 000元，款项已收到并存入银行，营业税税率为5%。根据上述资料，编制会计分录。

17. 宏达公司本月取得的各项收入计算应交的增值税额为80 000元，消费税额为30 000元，营业税额为40 000元，分别按上述税款的7%和3%的税率计算并结转应交城市维护建设税和应交教育费附加。根据上述资料，编制会计分录。

第十二章　非流动负债习题

一、单项选择题

1. 长期借款的利息贷方应记入（　　）科目。
A. “财务费用”　　B. “长期借款”
C. “应计利息”　　D. “应付股利”

2. （　　）是指一定的本金按复利计算的若干期后的本利和。
A. 单利　　B. 复利　　C. 复利终值　　D. 复利现值

3. 企业发行债券时，若实际收到的金额与债券票面金额之间存在差额，则应借记或贷记（　　）科目。
A. “利息调整”　　B. “面值”　　C. “应付利息”　　D. “财务费用”

4. 在其他因素不变的情况下，债券的发行价格取决于债券发行时的（　　）。
A. 债券面值　　B. 票面利率　　C. 债券期限　　D. 市场利率

5. 当（　　）发行时，应借记“应付债券——利息调整”科目。
A. 平价　　B. 折价　　C. 溢价　　D. 抵押

6. 应付融资租入固定资产的租赁费应计入（　　）科目。
A. “应付账款”　　B. “其他应付款”
C. “应付债券”　　D. “长期应付款”

7. 符合资本化条件的资产在购建或者生产过程中发生非正常中断，且中断时间连续超过（　　）个月的，应当停止借款费用资本化。
A. 1　　B. 2　　C. 3　　D. 12

8. 融资租入固定资产的入账价值与最低租赁付款额的差额应计入（　　）科目。
A. “在建工程”　　B. “未确认融资费用”
C. “长期应付款”　　D. “固定资产”

9. 若公司溢价发行债券，溢价按实际利率法摊销，溢价的摊销额是（　　）。
A. 逐期增加　　B. 逐期减少　　C. 不变　　D. 无规律

10. 某公司从国外购进设备及配件工具，价款及国外运费等共 13 万元，支付进口关税和国内运费 8 000 元，其中设备负担 7 000 元，配件负担 1 000 元，则应记入“长期应付款”的金额为（　　）万元。
A. 13　　B. 14　　C. 14.7　　D. 14.6

11. 某企业每年年末存入银行 150 000 元，共存 4 年，银行利率为 8%，那么 4 年后本利和为（　　）元。
A. 675 916.5　　B. 578 912.4　　C. 400 000　　D. 857 462.2

12. 关于或有事项，下列说法中正确的是（　　）。

A. 待执行合同变成亏损合同的，该亏损合同产生的义务满足或有事项确认预计负债规定的，应当确认为预计负债

B. 待执行合同变成亏损合同的，应当确认为预计负债

C. 企业应当就未来经营亏损确认为预计负债

D. 企业在一定条件下应当将未来经营亏损确认为预计负债

13. 恒达公司为2012年新成立的企业。2012年该公司分别销售A、B产品1万件和2万件，销售单价分别为100元和50元。公司向购买者承诺提供产品售后2年内免费保修服务，预计保修期内将发生的保修费为销售额的2%～8%。2012年实际发生保修费1万元。假定无其他或有事项，则该公司2012年年末资产负债表“预计负债”项目的金额为（　　）万元。

A. 3　　B. 9　　C. 10　　D. 15

14. 旺通公司于2012年11月25日接到法院诉状，公司欠某银行的借款已逾期，该银行已向法院起诉，要求归还本息250万元，另支付逾期罚息20万元，支付诉讼费8万元。截至2012年12月31日法院尚未作出判决。对于此诉讼，公司预计除需偿还全部本息外，有60%的可能性需支付罚息14万～18万元，有98%的可能性支付诉讼费8万元。据此，旺通公司2012年12月31日应确认的预计负债金额为（　　）万元。

A. 22　　B. 24　　C. 26　　D. 28

15. 就发行债券的企业而言，所获债券溢价的收入实质是（　　）。

A. 为以后少付利息而付出的代价　　B. 为以后多付利息而收到的对价

C. 本期利息收入　　D. 以后期间的利息收入

16. 企业发生的下列经济业务中，属于或有负债的是（　　）。

A. 融资租入固定资产　　B. 采用分期付款方式购入材料

C. 应收票据向银行贴现　　D. 结转企业无法支付的应付款项

17. 借款费用准则中的专门借款是指（　　）。

A. 为购建或者生产符合资本化条件的资产而专门借入的款项

B. 发行债券收款

C. 长期借款

D. 技术改造借款

18. 某企业于2011年10月1日从银行取得一笔专门借款600万元用于固定资产的建造，年利率为8%，两年期。至2012年1月1日该固定资产建造已发生资产支出600万元，该企业于2012年1月1日从银行取得1年期一般借款300万元，年利率为6%。借入款项存入银行，工程于2012年年底达到预定可使用状态。2012年2月1日用银行存款支付工程价款150万元，2012年10月1日用银行存款支付工程价款150万元。工程项目于2012年3月31日至2012年7月31日发生非正常中断。则2012年借款费用的资本化金额为（　　）万元。

A. 7.5　　B. 32　　C. 95　　D. 39.5

19．生产经营期间，如果某项固定资产的购建发生非正常中断，并且中断时间超过3个月（含3个月），应当将中断期间所发生的借款费用，记入（　　）科目。

A．“长期待摊费用”　　B．“在建工程成本”

C．“营业外支出”　　D．“财务费用”

二、多项选择题

1．下列有关或有事项的表述中，正确的有（　　）。

A．或有事项的结果是可以确定的

B．或有负债应在资产负债表内予以确认

C．或有资产不应在资产负债表内予以确认

D．或有事项只会对企业的经营形成不利影响

E．或有事项产生的义务如符合负债确认条件应予确认

2．按债券是否记名的方式分类，债券可分为（　　）。

A．记名债券　B．担保债券　C．不记名债券　D．信用债券

3．资产负债表日计算确定的债券利息费用，应借记（　　）等科目。

A．“在建工程”　B．“制造费用”　C．“财务费用”　D．“研发支出”

4．对债券发行价格受影响的因素有（　　）。

A．债券面值　　B．票面利率

C．债券期限　　D．利息支付方式

E．市场利率

5．最低租赁付款额包括（　　）。

A．承租人应支付或可能被要求支付的款项

B．或有租金

C．由承租人或与其有关的第三方担保的资产余值

D．履约成本

6．下列各项中，通过“长期应付款”科目核算的是（　　）。

A．应付融资租赁款　　B．应付补偿贸易引进设备款

C．从银行取得的长期借款　　D．发行长期债权收到的款项

7．应付债券的明细科目有（　　）。

A．“应计利息”　　B．“利息调整”

C．“面值”　　D．“应付股利”

8．长期借款所发生的利息支出根据不同的情况，借方可计入（　　）科目。

A．“长期待摊费用”　　B．“在建工程”

C．“财务费用”　　D．“投资收益”

9．下列说法正确的是（　　）。

A．“应付债券”科目贷方登记应付债券的本金和应计利息，借方登记偿还债券本金及利息

B．“应付债券”科目余额在贷方，表示尚未偿还的债券本金及利息

C．对于一次还本付息的债券的应付未付利息，应借记“应付债券——应计利

息”科目

D. 实际利率与票面利率差异较小的，也可以采用票面利率计算确定利息费用

10. 只有（　　）同时满足的情况下，因借款发生的利息、折价或溢价的摊销、汇兑差额等应当开始资本化。

A. 资产支出已经发生

B. 借款费用已经发生

C. 为使资产达到预定可使用或者可销售状态而必要的购建或者生产活动已经开始

D. 购建或者生产活动必须开始 5 个月以上

11. 企业因对外担保事项可能产生的负债，在担保涉及诉讼的情况下，下列说法中正确的有（　　）。

A. 因为法院尚未判决，企业没有必要确认为预计负债

B. 虽然法院尚未判决，而且企业估计败诉的可能性大于胜诉的可能性，但如果损失金额不能合理估计的，则不应确认为预计负债

C. 虽然法院尚未判决，但企业估计败诉的可能性大于胜诉的可能性，则应将担保额确认为预计负债

D. 虽然企业一审已被判决败诉，但正在上诉，不应确认为预计负债

E. 如果企业已被判决败诉，则应按照法院判决的应承担损失金额确认预计负债

12. 下列选项中，符合资本化条件的资产包括（　　）。

A. 需要经过相当长时间的购建才能达到预定可使用状态的固定资产

B. 需要经过相当长时间的购建才能达到预定可使用状态的投资性房地产

C. 需要经过相当长时间的生产活动才能达到预定可销售状态的存货

D. 需要经过半年的生产活动才能达到预定可销售状态的存货

13. 关于借款费用，下列说法中正确的有（　　）。

A. 企业发生的借款费用，可直接归属于符合资本化条件的资产的购建或者生产的，应当予以资本化，计入相关资产成本

B. 企业发生的借款费用，不能归属于符合资本化条件的资产的购建或者生产的，应当在发生时根据其发生额确认为费用，计入当期损益

C. 企业发生的利息费用，可直接归属于符合资本化条件的资产的购建或者生产的，应按资产累计支出加权平均数和资本化率计算的金额确定资本化金额

D. 借款费用是指企业因借款而发生的利息及其他相关成本

E. 专门借款是指为购建或者生产符合资本化条件的资产而专门借入的款项

三、判断题

1. 属于筹建期间发生的长期借款的利息支出，作为财务费用处理，其会计分录为借记“财务费用”科目，贷记“长期借款”科目。（　　）

2. 应付债券只核算企业筹集长期资金而发行的债券本金，不核算利息。（　　）

3. 债券的发行价格是到期偿还面值按市场利率折算的现值与债券票面利息按市场利率折算的现值之和。 ( )

4. 债券的发行价格随市场利率的变动而呈反方向变动。当票面利率小于市场利率时，债券溢价发行。 ( )

5. 融资租入固定资产，按租赁开始日租赁资产的公允价值与最低租赁付款额的现值两者中较高者，再加上初始直接费用，作为入账价值。 ( )

6. 签订租赁合同过程中承租人发生的印花税、佣金、律师费、差旅费等应计入融资租入固定资产的入账价值。 ( )

7. 日常性生产（制造）或者在短期内且大量重复生产的存货和其他投资，属于借款费用可以资本化。 ( )

8. 专门借款发生的辅助费用在购建的符合资本化条件的资产达到预定可使用或者可销售状态之前发生的，应当在发生时根据其发生额予以资本化。 ( )

9. 当一次还本付息方式、折价发行债券时，应借记“应付债券——面值”科目，贷记“银行存款”和“应付债券——应计利息”科目。 ( )

10. “应付债券——利息调整”科目只可能有贷方发生额。 ( )

11. 或有事项应该在会计报表中确认。 ( )

12. 或有事项可能导致经济利益流出企业并可以可靠计量时，应该确认为预计负债。 ( )

四、简答题

1. 简述长期借款发生的利息支出的会计处理。

2. 简述公司债券发行的条件。

3. 简述借款费用资本化的确认原则。

4. 什么是预计负债？其确认条件是什么？

5. 如何确定预计负债的最佳估计数？

五、业务处理题

1. 某企业在2012年与银行发生以下几笔存借款业务，请据此完成必要计算：

（1）该公司向银行借入6年期、年利率4%的建设工程借款1 000 000元。请分别用单利和复利计息计算到期本利和。

（2）该公司为建设工程所需向银行借款，该借款期限为7年、年利率为5%，本利和为844 262元，请计算其现值。

（3）该公司准备今后 8 年内，每年年末从留存收益提取 200 000 元存入银行，年利息为 5%，请计算 8 年后的本利和。

（4）该公司准备设置一项奖金，准备在今后 4 年内，每年年终颁发给单位劳动模范的劳动模范奖 300 000 元。若银行年利率为 6%，请用复利计息计算该公司应向银行一次存入的金额。

2. 某公司由于企业经营周转需要，于 2012 年 1 月 1 日从银行取得长期借款 500 000 元。借款期限为 2 年，年利率为 8%，按复利计算，到期一次还本付息。借入款项已收到并存入银行。请根据上述资料编制该公司取得至偿还长期借款的相关会计分录。

3. 某公司为筹集生产经营资金，于2010年1月1日发行总面值为50万元，期限为2年，年利率为6%的债券，每年付息一次，到期一次还本。该公司发行债券时，市场利率为5%，公司按51万元的溢价发行债券，收到款项并存入银行。

请根据上述资料编制该公司从发行债券到债券到期的会计分录。

某公司债券溢价摊销表　　单位：元

付息日期	应付利息	当期利息费用	债券溢价摊销额	债券账面价值
	①=面值×6%	②=上期④×5%	③=①-②	④=上期④-③
2010. 01. 01				
2010. 12. 31				
2011. 12. 31				
合计				

4. 某公司为建造一条生产线，于2011年1月1日发行总面值为60万元、期限为3年、年利率为6%的债券，每年付息一次，到期一次还本。该公司发行债券时，市场利率为7%，公司按58万元折价发行债券，收到款项并存入银行。

请根据上述资料编制该公司从发行债券到债券到期的会计分录。

某公司债券折价摊销表

单位：元

付息日期	应付利息	当期利息费用	债券折价摊销额	债券账面价值
	①=面值×6%	②=上期④×7%	③=②-①	④=上期④+③
2011.01.01				
2011.12.31				
2012.12.31				
2013.12.31				
合计				

5. 宝钢股份有限公司按补偿贸易方式向通用公司购进一批生产设备，价款及国外运杂费、保险费等计60万美元，无息，企业入账时汇率中间价为1美元=8元人民币，企业采用当日汇率中间价为记账汇率，宝钢股份有限公司以人民币10万元支付国内运杂费和安装费，当日生产设备交付车间使用。合同规定分3年用其生产的产品出口抵偿，每年归还20万美元。宝钢股份有限公司实际每年对通用公司出口产品收入为20万美元，3年中每年设汇率均为1美元=8元人民币。

根据上述资料，编制宝钢股份有限公司补偿贸易事项有关的会计分录。

6. 新飞公司为建造一项工程，于2012年3月1日从银行借入1 000万元专门借款，借款期限2年、年利率为5%，未动用借款金额存入银行，存款利率为1%。建造工程于借款当日开始，借款当日支出500万元，除此之外，2012年未发生其他支出。

请确定2012年该公司利息费用资本化金额。

7. 万宝公司是生产和销售空调器的企业。2011年销售W型空调器5 000台，每台售价8 000元。万宝公司W型空调器的质量保证条款规定：产品在售出两年内如出现非意外事件造成的故障和质量问题，公司免费负责保修。根据以往经验，发生保修费一般为销售额的2% ~4%。2012年实际发生的维修费为100万元。2012年产品销售收入为5 000万元，预计保修费为销售额的1% ~3%。根据上述业务，编制会计分录。

（1）2011年年末：

（2）2012年实际发生维修费：

（3）2012年年末冲回2011年多估计的预计负债：

（4）2012年新发生的销售业务的预计产品保修费：

8. 2011年11月20日，华通公司从A银行取得一笔信用贷款5 000万元，期限为一年，年利率为7.2%。2012年11月20日，华通公司的借款（本金和利息）到期。华通公司具有还款能力，但因与A银行之间存在其他经济纠纷，而未按时归还A银行的贷款。A银行虽与华通公司协商，但未达成协议，于2012年12月20日向法院提起诉讼。截至2012年12月31日，法院尚未对A银行提起的诉讼进行审理。2012年12月31日，华通公司对此诉讼案件进行分析，认为如无特殊情况，本公司很可能败诉，为此不仅要偿还贷款本息，还需要支付罚息和承担诉讼费等费用。假设华通公司预计将要支付的罚息、诉讼费等费用估计为50万~60万元，其中包括对方支付的诉讼费5万元。根据上述业务，编制会计分录。

9. 甲公司2011年1月采用经营租赁方式租入生产线，租期3年，产品获利。每年租金50万元。2012年12月，市政规划要求公司迁址，甲公司决定停产该产品。原经营租赁合同不可撤销，还要持续1年，生产线无法转租，合同变为亏损合同。根据上述业务，编制会计分录。

10. 某生产型企业采用融资租赁方式租入生产设备一台，按照租赁合同的规定双方确定的租赁资产公允价值为10 000 000元。为了方便计算，假定租赁期限为3年，租赁利率为10%，租金总额为11 698 455.24元，自起租日起每隔3个月于季末支付租金974 871.27元。期满所有权转移，购买价为100元。该企业在采用融资租赁方式租入生产设备时，支付手续费、公证费、印花税等各项费用为500 000元（其他费用暂不探讨）。

请进行相关的账务处理。

11. 北方公司于2011年1月1日正式动工兴建一办公楼，工期预计为1年零6个月，工程采用出包方式，每月1日支付工程进度款。公司为建造办公楼于2011年1月1日专门借款本金2 000万元，借款期限为2年，票面年利率为6%，每年1月1日支付上年的利息，到期时归还本金和最后一次利息，实际收到款项1 992.69万元，实际利率为6.2%。2011年1月1日至4月30日期间发生的专门借款的利息收入为10万元。2011年4月30日至8月31日发生的专门借款的利息收入12万元。2011年9月1日至12月31日发生的专门借款的利息收入4万元。公司按年计算应予资本化的利息金额。工程项目于2011年12月31日达到预定可使用状态。2012年没有发生专门借款的利息收入。2013年1月1日北方公司偿还上述专门借款并支付最后一次利息。因发生质量纠纷，该工程项目于2011年4月30日至2011年8月31日发生中断。

(1) 计算2011年应予资本化的利息。

(2) 编制从取得专门借款到归还专门借款有关业务的会计分录（假定按年计提利息，利息收入按年结算，分录中金额单位为万元）。

第十三章　所有者权益习题

一、单项选择题

1．所有者权益在数量上表现为（　　）。

A．资产总额减去负债总额

B．流动资产总额减去流动负债总额

C．资产总额减去流动负债总额

D．非流动资产总额减去非流动负债总额

2．盈余公积是企业从（　　）中提取的公积金。

A．营业利润　　B．销售利润　　C．利润总额　　D．税后利润

3．公司制企业应按规定提取法定盈余公积，但当法定盈余公积累计额达到企业注册资本的（　　）时，可以不再提取。

A．20%　　B．15%　　C．25%　　D．50%

4．当新投资者加入有限责任公司时，其出资额大于按约定比例计算的、在注册资本中所占的份额部分，应计入（　　）。

A．实收资本　　B．营业外收入　　C．资本公积　　D．盈余公积

5．A股份公司委托某证券公司代理发行普通股100 000股，每股面值1元，每股按1.2元的价格出售。按协议，证券公司按发行收入的3%计提手续费，并直接从发行收入中扣除。则A公司计入资本公积的数额为（　　）元。

A．16 400　　B．100 000　　C．116 400　　D．0

6．公司溢价发行股票时，对支付给券商的代理发行手续费，会计处理方法为（　　）。

A．计入开办费　　B．计入管理费用

C．计入财务费用　　D．从溢价收入中扣除

7．D公司接受A公司投入设备一台，原价50 000元，账面余额30 000元，按市场情况估计的公允价值为35 000元。则D公司接受设备投资时，“实收资本”科目的入账金额为（　　）元。

A．30 000　　B．35 000　　C．50 000　　D．20 000

8．股份有限公司注册资本为3 000万元，201×年实现净利润8 000万元，年初“未分配利润”明细科目借方余额1 000万元，201×年提取盈余公积前法定盈余公积的累计额为1 000万元。则该公司201×年按规定应提取的法定盈余公积的数额是（　　）万元。

A. 80　　B. 70　　C. 500　　D. 0

9. 股份有限公司应设置“股本”科目，核算公司（　　）。

A. 拟发行股票的面值总额　　B. 实发行股票的面值总额

C. 拟发行股票的发行价格总额　　D. 实发行股票的发行价格总额

10. 将“本年利润”科目和“利润分配”科目下的其他有关明细科目的余额转入“未分配利润”明细科目后，“未分配利润”明细科目的贷方余额就是（　　）。

A. 当年实现的净利润　　B. 当年发生的净亏损

C. 累计实现的净利润　　D. 累计未分配的利润数额

11. 如无特殊情况，企业吸收各投资者以工业产权、非专利技术等无形资产作价出资的总额不得超过注册资本总额的（　　）。

A. 10%　　B. 15%　　C. 20%　　D. 30%

12. 如果向投资者分配利润用符号“①”表示，提取法定盈余公积用符号“②”表示，提取任意盈余公积用符号“③”表示，则企业当年的可供分配的利润应按（　　）顺序分配。

A. ①②③　　B. ②①③　　C. ③②①　　D. ②③①

13. 下列各项，能引起所有者权益总额发生增减变动的是（　　）。

A. 支付已宣告发放的现金股利　　B. 宣告发放现金股利

C. 提取盈余公积　　D. 弥补以前年度亏损

14. 企业用当年实现的税前利润弥补以前年度亏损时，正确的做法是（　　）。

A. 借：利润分配——未分配利润
　　贷：利润分配——弥补以前年度亏损

B. 借：应交税金——应交所得税
　　贷：利润分配——未分配利润

C. 借：利润分配——盈余公积补亏
　　贷：利润分配——未分配利润

D. 不作专门账务处理

15. 某企业年初所有者权益160万元，本年度实现净利润300万元，以资本公积转增资本50万元，提取盈余公积30万元，向投资者分配现金股利20万元。假设不考虑其他因素，该企业年末所有者权益为（　　）万元。

A. 360　　B. 410　　C. 440　　D. 460

16. 某企业201×年年初未分配利润的贷方余额为400万元，本年度实现的净利润为200万元，分别按10% 和5% 提取法定盈余公积和任意盈余公积。假定不考虑其他因素，该企业201×年年末未分配利润的贷方余额应为（　　）万元。

A. 410　　B. 510　　C. 540　　D. 570

二、多项选择题

1. 股份有限公司与有限责任公司的区别有（　　）。

A. 股东人数不同　　B. 股权转让的方式不同

C. 股东承担的责任不同　　D. 筹资方式不同
E. 法律地位不同

2. 下列各所有者权益项目中，不属于留存收益的有（　　）。
A. 实收资本　　B. 资本公积
C. 盈余公积　　D. 未分配利润
E. 股本

3. 所有者权益和负债的主要区别有（　　）。
A. 对资产的求偿权不同　　B. 风险不同
C. 会计处理方法不同　　D. 偿还期限不同
E. 享受权利不同

4. 下列各项中属于资本公积来源的有（　　）。
A. 资本溢价
B. 股本溢价
C. 处置无形资产形成的利得
D. 权益法下被投资单位当年实现的净利润按持股比例计算的份额
E. 可供出售的金融资产在资产负债表日公允价值发生变化

5. 企业提取的盈余公积可以用于（　　）。
A. 弥补亏损　　B. 发放股利
C. 转增资本　　D. 发放职工薪酬
E. 偿还债务

6. 下列项目中有可能引起所有者权益总额变动的经济事项有（　　）。
A. 投资者追加投资　　B. 弥补以前年度亏损
C. 发放现金股利　　D. 发放股票股利
E. 股票分割

7. 从企业生产经营活动中形成的所有者权益项目有（　　）。
A. 实收资本　　B. 资本公积
C. 法定盈余公积　　D. 任意盈余公积
E. 未分配利润

8. “利润分配”科目下可设置（　　）等明细科目进行明细核算。
A. “提取法定盈余公积”　　B. “提取任意盈余公积”
C. “任意盈余公积”　　D. “未分配利润”
E. “法定盈余公积”

9. 企业弥补亏损的来源有（　　）。
A. 用以后年度税前利润弥补　　B. 用以后年度税后利润弥补
C. 用以前年度留存收益弥补　　D. 用以前年度实收资本弥补
E. 用盈余公积弥补

10. 公司制企业向股东分派股利时，通常要考虑的因素包括（　　）。
A. 法律规定　　B. 公司的现金支付能力
C. 股东要求　　D. 企业未来发展

E. 与股东和债权人的契约

11. 企业发生亏损时，下列各项（ ）是弥补亏损的渠道。

A. 以盈余公积弥补亏损　　B. 以资本公积弥补亏损

C. 用以后 5 年税前利润弥补　　D. 用 5 年后的税后利润弥补

12. 关于企业所有者权益，下列说法中正确的有（ ）。

A. 资本公积可以弥补企业亏损　　B. 盈余公积可以按照规定转增资本

C. 未分配利润可以弥补亏损　　D. 资本公积可以按照规定转增资本

三、判断题

1. 国有独资企业与独资企业一样，都是独立的法律主体。（ ）

2. 企业接受非现金资产投资时，应按投资合同或协议约定的价值（不公允的除外）计入“实收资本”科目。（ ）

3. 资本公积的形成与企业的净利润无关。（ ）

4. 有时尽管投资人的出资数额相等，但是由于出资时间不同，其在企业中所享有的权益数额可能不相等。（ ）

5. 股份有限公司溢价发行股票所产生的股票溢价收入应计入营业外收入。（ ）

6. 在我国股票的发行价格可以高于面值，也可以等于面值，但不允许低于面值。（ ）

7. 企业吸收各投资者以无形资产出资的总额不得超过注册资金总额的 30%，有特殊规定的除外。（ ）

8. 当投资者投入的资本金额大于其在注册资本中所占份额时，应将超出部分计入营业外收入。（ ）

9. 所有者权益和负债一样，都有固定的偿还期限和偿还金额。（ ）

10. 按照我国《公司法》规定，当企业计提的法定盈余公积达到注册资本的 50% 时，可以不再提取。（ ）

11. “利润分配——未分配利润”明细科目期末借方余额，反映企业历年累积的未弥补亏损。（ ）

12. 企业发放股票股利不会引起所有者权益总额的变化，但是能够引起所有者权益结构发生变化。（ ）

13. 企业发放股票股利和进行股票分割一样，都不会引起所有者权益总额的变化，因此，都不需要进行账务处理。（ ）

14. 平时资产负债表中的未分配利润的金额是由“本年利润”及“利润分配”科目的余额合计填入；年末，由于“本年利润”已转入“利润分配”，所以年末资产负债表的未分配利润的金额等于“利润分配”科目的余额。（ ）

15. 企业用当年实现的利润弥补亏损时，应单独作出相应的会计处理。（ ）

四、简答题

1. 什么是企业的所有者权益？它和负债有何区别？

2. 试述股份有限公司的基本特征。

3. 盈余公积包括哪些内容？如何进行相关的会计处理？

4. 什么是企业的留存收益？它包括哪些内容？

五、业务处理题

1. 某有限责任公司于2012年5月成立，在成立当月，发生如下经济业务，请编制会计分录：

（1）收到国家投入资本金500 000元，存入银行。

（2）收到A单位投入原材料一批，评估确认的公允价值为300 000元，又收到其以土地使用权进行的投资，评估确认的公允价值为100 000元。

（3）收到B公司投入设备一台，该设备账面原值200 000元，已提折旧40 000元，评估确认的公允价值为150 000元。

2. 某有限责任公司于3年前由甲、乙、丙三位投资者各投资100 000元创立，注册资本为300 000元，现有丁投资者投资120 000元（以银行存款支付出资额），取得与甲、乙、丙三人相同的投资比例。请编制相关会计分录。

3. 某股份有限公司核定普通股本 8 000 万元，共计 8 000 万股，每股面值 1 元。认购价格为每股 2 元。发行当日被全部认购。10 天后，收到认股人全部认购款共 16 000 万元，并对股东换发普通股票 8 000 万股。请编制相关会计分录。

4. 某股份有限公司委托证券公司代理发行股票 500 万股，每股面值 1 元，发行价 1.5 元，证券公司按发行收入的 3% 收取手续费，从发行收入中扣除。请编制相关会计分录。

5. 某股份有限公司本年度实现税后净利润 6 000 000 元，分别按净利润的 10%、5% 提取法定盈余公积和任意盈余公积金；又经股东大会审议通过，决定向全体股东每股派发 0.1 元现金股利，每 10 股派发 3 股股票股利。该公司总股本为 3 000 万股，每股面值 1 元，宣告分派股利当日每股市价 2.5 元。请编制相关会计分录。

6. 甲股份有限公司于2012年4月30日经股东大会决定，将为交易目的而持有的乙上市公司的股票向股东派发200万元的财产股利。用于派发财产股利的乙公司股票的账面价值为150万元，股利宣告发放日，该股票的市场价值为200万元。请编制相关会计分录。

7. 某股份有限公司经股东大会审议通过，决定向全体股东共派发1 000万元的负债股利，并于股利发放日签发了期限为6个月的不带息的银行承兑汇票。请编制相关会计分录。

第十四章　收入、费用和利润习题

一、单项选择题

1. 下面应列为销售费用处理的是（　　）。

A. 广告费　　B. 固定资产盘亏

C. 退休人员工资　　D. 自然灾害造成的损失

2. 工业企业利润的主要来源应该是（　　）。

A. 股利收入　　B. 租赁收入

C. 产品销售收入　　D. 营业收入

3. 企业发生并确认存货减值损失时应借记（　　）科目。

A. “存货跌价准备”　　B. “资产减值损失”

C. “营业外支出”　　D. “管理费用”

4. 下列各项税费与企业利润总额形成无关的是（　　）。

A. 印花税　　B. 所得税　　C. 教育费附加　　D. 房产税

5. 下列利润分配的顺序中，正确的是（　　）。

A. 提取法定盈余公积，弥补以前年度亏损，提取法定公益金，分配股利

B. 弥补以前年度亏损，提取法定盈余公积，分配股利，提取法定公益金

C. 弥补以前年度亏损，分配股利，提取法定盈余公积，提取法定公益金

D. 弥补以前年度亏损，提取法定盈余公积，提取法定公益金，分配股利

6. 下列各项不属于收入的是（　　）。

A. 收到现金捐赠　　B. 提供劳务所得款项

C. 销售商品所得款项　　D. 转让专利技术所得款项

7. 下列各项中，不会引起已确认营业利润变动的是（　　）。

A. 商业折扣　　B. 现金折扣　　C. 销售退回　　D. 销售折让

8. 公允价值变动损益主要是指（　　）以及其他以公允价值计量的资产和负债。

A. 交易性金融资产变动的损益　　B. 固定资产盘盈、盘亏

C. 流动资产盘盈、盘亏　　D. 股票投资损益

9. 某企业销售商品 6 000 件，每件售价 60 元（不含增值税），增值税税率 17%；企业为购货方提供的商业折扣为 10%，提供的现金折扣为 2/10、1/20、n/30，并代垫运杂费 500 元。该企业在这项交易中应确认的收入金额为（　　）元。

A. 320 000　　B. 308 200　　C. 324 000　　D. 320 200

10. 企业 201×年 1 月售出的产品 201×年 3 月被退回时，其冲减的销售收入应在退回当期计入（　　）科目的借方。

A. 营业外收入 B. 营业外支出 C. 利润分配 D. 主营业务收入

11. 某企业在2012年10月8日销售商品100件，增值税专用发票上注明的价款为10 000元，增值税额为1 700元。企业为了及早收回货款而在合同中规定的现金折扣条件为：2/10，1/20，n/30。假定计算现金折扣时不考虑增值税。如买方在201×年10月24日付清货款，该企业实际收款金额应为（ ）元。

A. 11 466 B. 11 500 C. 11 583 D. 11 600

12. 大明公司于2012年8月接受一项产品安装任务，安装期5个月，合同收入200 000元，当年实际发生成本120 000元，预计已完工80%，则该企业201×年度确认收入为（ ）元。

A. 120 000 B. 160 000 C. 200 000 D. 0

13. 某企业销售商品5 000件，每件售价100元（不含增值税），增值税税率为17%；企业为购货方提供的商业折扣为10%，提供的现金折扣条件为2/10、1/20、N/30，并代垫运杂费500元。该企业在这项交易中应确认的收入金额为（ ）元。

A. 526 500 B. 450 000 C. 500 000 D. 450 500

14. 下列各项税金中，应计入“营业税金及附加”的是（ ）。

A. 消费税 B. 增值税 C. 房产税 D. 印花税

15. 下列各项业务，在进行会计处理时应计入管理费用的是（ ）。

A. 支付离退休人员工资 B. 销售用固定资产计提折旧

C. 生产车间管理人员的工资 D. 计提坏账准备

16. 某企业本期营业利润为100万元，资产减值损失为15万元，公允价值变动收益为30万元，营业外收入20万元，营业外支出10万元，所得税税率25%。假定不考虑其他因素，该企业本期净利润为（ ）万元。

A. 82.5 B. 75 C. 93.75 D. 110

二、多项选择题

1. 收入的特征表现为（ ）。

A. 收入从日常活动中产生，而不是从偶发的交易或事项中产生

B. 收入与所有者投入资本有关

C. 收入可能表现为所有者权益的增加

D. 收入包括代收的增值税

2. 下列不能确认为营业收入的是（ ）。

A. 已签订的商品销售收入合同，价格待议

B. 为第三方代收的款项

C. 转让无形资产使用权收入

D. 股利收入

3. 让渡资产使用权收入的确认，一般应同时具备（ ）条件。

A. 与提供劳务相关的经济利益很可能流入企业

B. 与交易相关的经济利益很可能流入企业

C. 相关的成本能够可靠地计量

D. 相关的收入能够可靠地计量

4. 上市公司发生的下列交易或事项中，不会引起上市公司所有者权益总额发生增减变动的有（ ）。

A. 发放现金股利　　B. 发放股票股利

C. 以本年利润弥补以前年度亏损　　D. 应付账款获得债权人豁免

5. 下列有关销售商品收入的处理中，不正确的有（ ）。

A. 在采用收取手续费的委托代销方式下销售商品，发出商品时就确认收入

B. 当期售出的商品被退回时，直接冲减退回当期的收入、成本、税金等相关项目

C. 当期已经确认收入的售出商品发生销售折让时，直接将发生的销售折让作为当期的销售费用处理

D. 当期已经确认收入的售出商品发生销售折让时，将发生的销售折让冲减当期的收入和税金

6. 下列各项中，会导致工业企业当期利润总额减少的有（ ）。

A. 出售无形资产发生的净损失　　B. 对外捐赠的支出

C. 计提生产车间固定资产折旧　　D. 所得税费用

7. 下列与利润表中的所得税费用有关的项目是（ ）。

A. 当期所得税费用　　B. 递延所得税资产

C. 递延所得税负债　　D. 递延所得税费用

E. 递延所得税收益

8. 下列应交的各种税费，应在“营业税金及附加”科目核算的有（ ）。

A. 消费税　　B. 增值税　　C. 资源税　　D. 教育费附加

9. 下列各项中，应计入“其他业务成本”的有（ ）。

A. 出借包装物成本的摊销

B. 出租包装物成本的摊销

C. 随同产品出售单独计价的包装物成本

D. 随同产品出售不单独计价的包装物成本

10. 下列各项中，不应计入管理费用的有（ ）。

A. 销售商品发生的现金折扣

B. 管理部门固定资产折旧

C. 成本模式计量的投资性房地产的折旧费

D. 专设销售机构房屋的修理费

11. 下列项目中，应计入营业外支出的有（ ）。

A. 出售固定资产净损失

B. 因债务人无力支付欠款而发生的应收账款损失

C. 对外捐赠支出

D. 违反经济合同的罚款支出

三、判断题

1．利润分配时，可用税前利润弥补以前年度亏损，当期利润不足弥补时，可以递延到下一年度继续补亏，直到亏损补完为止。（　　）

2．年度终了，“利润分配”科目所属明细科目中，除了“未分配利润”明细科目可能有余额外，其他明细科目均应无余额。（　　）

3．采用预收货款方式销售产品的情况下，可以在收到货款时确认收入的实现。（　　）

4．企业发生销售退回时，不论销售退回的商品是本年销售的，还是以前年度销售的，均应冲减本年度的销售收入与成本。（　　）

5．企业的收入包括主营业务收入、其他业务收入和营业外收入。（　　）

6．结算本月利润时，需要结转本月发生的各项营业费用和制造费用。（　　）

7．在采用递延法核算所得税时，本期发生的暂时性差异产生的递延税款借项金额和贷项金额都会对本期利润表中的“所得税费用”项目的金额产生影响。（　　）

8．管理费用、制造费用、销售费用都属于企业的期间费用。（　　）

9．管理费用、资产减值损失、营业税金及附加和营业外收入都会影响企业的营业利润。（　　）

10．企业出售不动产计算应交的营业税应直接计入“营业外支出”科目。（　　）

11．企业只能用税后利润弥补亏损。（　　）

四、简答题

1．什么是收入、商品收入和劳务收入？

2．什么是费用？

3. 什么是公允价值变动损益，该科目如何核算？

4. 简述“利润分配”科目的账务处理程序。

五、业务处理题

1. 某企业201×年3月份发生的业务有：

(1) 发生无形资产研究费用10万元；

(2) 发生专设销售部门人员工资25万元；

(3) 支付业务招待费15万元；

(4) 支付销售产品保险费5万元；

(5) 计算本月应交纳的城市维护建设税0.5万元；

(6) 计提投资性房地产折旧40万元；

(7) 支付本月未计提短期借款利息0.1万元；

假设不考虑其他事项。请说明各项经济业务应该计入的科目并计算该企业3月份发生的期间费用总额。

2．甲股份有限公司（以下简称甲公司）为增值税一般纳税人企业，适用增值税税率为17%。商品销售价格均不含增值税，所有劳务均属于工业性劳务。销售时结转销售成本。甲公司销售商品和提供劳务均为主营业务。2012年12月甲公司销售商品和提供劳务的资料如下。请编制甲公司12月份发生经济业务的会计分录。

（1）12月1日，对A公司销售商品一批，增值税专用发票上注明销售价格为100万元，增值税额为17万元。提货单和增值税专用发票已交给A公司，A公司承诺付款。为及时收回货款，给予A公司的现金折扣条件如下：2/10，1/20，N/30（假定计算现金折扣时不考虑增值税因素）。该批商品的实际成本为85万元。12月19日，收到A公司支付的扣除所享受现金折扣金额后的款项，并存入银行。

（2）12月2日，收到B公司来函，要求对当年11月2日所购商品在价格上给予5%的折让（甲公司在该批商品售出时，已确认销售收入200万元，并收到款项）。经查核，该批商品外观存在质量问题。甲公司同意了B公司提出的折让要求。当日，收到B公司交来的税务机关开具的索取折让证明单，并开具红字增值税专用发票和支付折让款项。

（3）12月4日，与C公司签订协议，向C公司销售商品一批，增值税专用发票上注明销售价格为100万元，增值税额为17万元；该协议规定，甲公司应在2013年5月1日将该批商品购回，回购价格为110万元（不含增值税额）。商品已发出，款项已到。该批商品的实际成本为78万元。

(4) 12 月 14 日，与 D 公司签订合同，以分期收款方式向 D 公司销售商品一批。该批商品的销售价格为 120 万元，实际成本为 75 万元，提货单已交给 D 公司。该合同规定，该商品价款及增值税额分三次等额收取。第一笔款项已于当日收到，存入银行。剩下两笔款项的收款日期分别为 2013 年 1 月 14 日和 2 月 14 日。

(5) 12 月 15 日，与 E 公司签订一项设备维修合同。该合同规定，该设备维修总价款为 60 万元（不含增值税额），于维修任务完成并验收合格后一次结清。12 月 31 日，该设备维修任务完成并经 E 公司验收合格。甲公司实际发生的维修费用为 20 万元（均为修理人员工资）。12 月 31 日，鉴于 E 公司发生重大财务困难，甲公司预计很可能收到的维修款为 17.55 万元（含增值税额）。

(6) 12 月 31 日，与 F 公司签订一件特制商品的合同。该合同规定，商品总价款为 80 万元（不含增值税额），自合同签订日起 2 个月内交货。合同签订日，收到 F 公司预付的款项 40 万元，并存入银行。商品制造工作尚未开始。

（7）12 月 31 日，与 H 公司签订协议销售商品一批，增值税专用发票上注明销售价格为 300 万元，增值税额为 51 万元。商品已发出，款项已收到。协议规定，该批商品售价的 25% 属于商品售出后 5 年内提供修理服务的服务费。该批商品的实际成本为 200 万元。

（8）12 月 31 日，收到 A 公司退回的当月 1 日所购全部商品。经查核，该批商品存在质量问题，甲公司同意了 A 公司的退货要求。当日，收到 A 公司交来的税务机关开具的进货退出证明单，并开具红字增值税专用发票和支付退货款项。

3. 甲、乙两企业均为增值税一般纳税人，增值税税率均为 17%。2012 年 3 月 6 日，甲企业与乙企业签订代销协议，甲企业委托乙企业销售 A 商品 500 件，A 商品的单位成本为每件 350 元。代销协议规定，乙企业应按每件 A 商品 585 元（含增值税）的价格售给顾客，甲企业按不含增值税售价的 10% 向乙企业支付手续费。4 月 1 日，甲企业收到乙企业交来的代销清单，代销清单中注明：实际销售 A 商品 400 件，商品售价为 200 000 元，增值税额为 34 000 元。当日甲企业向乙企业开具金额相等的增值税专用发票。4 月 6 日，甲企业收到乙企业支付的已扣除手续费的商品代销款。

根据上述资料，编制甲企业会计分录。

（1）发出商品的会计分录。

（2）收到代销清单时确认销售收入、增值税、手续费支出，以及结转销售成本的会计分录。

（3）收到商品代销款的会计分录。

4. 2012 年 A 公司实现利润总额 300 万元，所得税税率为 25%，本年纳税调整扣除项目总计为 20 万元。假设公司年内已预交所得税 60 万元，公司按 10% 分别提取法定盈余公积和公益金，并将税后利润的 30% 分配普通股现金股利。

（1）计算 A 公司本年应交的所得税金额，还应补交的所得税金额，提取的盈余公积，应付股利金额及年末未分配利润。

（2）编制相关会计分录及未分配利润账户记录。

5. B公司采用递延法核算所得税，所得税税率为25%。2012年其税前利润为1 000万元，其中包括投资国债取得的利息收入100万元（国债利息不纳税）。当年按会计准则提取并计入损益的折旧费超过税法允许扣除的折旧额80万元；此外，当期另发生应纳税暂时性差异20万元。

请计算该公司2012年利润表中应确认的所得税费用。

第十五章　财务会计报告习题

一、单项选择题

1. 资产负债表中“应收账款”项目应根据“应收账款”与“预收款项”总账科目所属明细科目的（　　）余额之和计算填列。

A. 借方　　B. 贷方　　C. 借方与贷方　　D. 贷方与借方

2. 利润表是反映企业（　　）的会计报表。

A. 一定期间经营成果　　B. 一特定日期经营成果

C. 一定会计期间财务状况　　D. 一特定日期财务状况

3. 下列各项中，不属于筹资活动产生的现金流量的是（　　）。

A. 收回债券投资所收到的现金　　B. 吸收权益性投资收到的现金

C. 发行债券收到的现金　　D. 向银行贷款收到的现金

4. 下列项目中，不符合现金流量表中现金概念的是（　　）。

A. 银行本票　　B. 银行汇票存款

C. 不随时用于支付的存款　　D. 3 个月内到期的债券

5. 资产负债表中的“未分配利润”项目应根据（　　）填列。

A.“利润分配”科目

B.“本年利润”科目余额

C.“盈余公积”科目余额

D.“本年利润”和“利润分配”科目的余额计算后的金额

6. 下列科目的贷方余额，以“-”号直接填列资产负债表左方有关项目的是（　　）。

A. 应收账款　　B. 固定资产清理

C. 累计折旧　　D. 坏账准备

7. 在采用间接法将净利润调节为经营活动的现金流量时，下列各项目中属于调减项目的是（　　）。

A. 存货减少　　B. 经营性应付项目的减少

C. 计提的坏账准备　　D. 递延所得税负债的增加

8. 以下各项中，处置无形资产影响的现金流量属于（　　）产生的现金流量。

A. 汇率变动　　B. 投资活动　　C. 经营活动　　D. 筹资活动

9. 下面各项对经营活动现金流量不产生影响的是（　　）。

A. 缴纳增值税　　B. 商业汇票贴现

C. 提取职工福利　　D. 收回以前年度核销的坏账

10. 下列交易事项中，对当期现金流量产生影响的是（　）。
A. 以存货抵债　B. 计提固定资产折旧
C. 提取盈余公积　D. 支付材料款

二、多项选择题

1. 下列项目中，属于会计报表主表的是（　　）。
A. 资产负债表　B. 损益表
C. 成本计算表　D. 现金流量表
E. 项目明细表　F. 所有者权益表
2. 企业中期财务报告是指（　　）。
A. 月度会计报表　B. 季度会计报表
C. 半年度会计报表　D. 6、7 月份会计报表
3. 企业在进行利润分配时，可供利润分配的来源有（　　）。
A. 本年净利润　B. 年初未分配利润
C. 资本公积转入　D. 盈余公积转入
4. 资产负债表中"应付账款"项目应根据（　　）总账科目所属明细科目期末的贷方余额之和计算填列。
A. 应收账款　B. 预收款项
C. 应付账款　D. 预付款项
5. 编制资产负债表时，下列项目中应根据该科目与其备抵科目抵消后的净额填列的是（　　）。
A. 长期股权投资　B. 应收账款
C. 存货　D. 长期待摊费用
6. 下列项目中，应在现金流量表补充资料中反映的有（　　）。
A. 不涉及现金收支的投资和筹资活动
B. 汇率变动对现金的影响
C. 将净利润调节为经营活动的现金流量
D. 现金及现金等价物净增加额
7. 下列项目可根据总账余额在资产负债表中填列的有（　　）。
A. 应收股利　B. 货币资金
C. 无形资产　D. 存货
8. 下列资产减值准备科目余额不应在资产负债表上单独列示的有（　　）。
A. 固定资产　B. 存货跌价准备
C. 无形资产减值准备　D. 持有至到期投资减值准备
9. 下列各项中，应计入现金流量表中"偿还债务所支付的现金"项目的有（　　）。
A. 偿还银行借款本金　B. 偿还银行借款的利息
C. 偿还企业债券的本金　D. 偿还企业债券利息

10．影响本年度所有者权益合计数的主要因素是（　　）。

A．直接计入所有者权益的利得和损失

B．所有者投入和减少的资本

C．利润分配

D．所有者权益内部结转

E．净利润

三、判断题

1．现金流量表属于动态会计报表，而资产负债表和利润表属于静态会计报表。（　　）

2．会计报表附注中，应对报表中所有项目的增减变动情况作明细说明。（　　）

3．利润分配表基本上是按照“利润分配”科目所属各明细科目的发生额分析填列的。（　　）

4．会计报表附注中不必说明企业所遵循的基本会计假设。（　　）

5．资产负债表中“无形资产”项目反映的是各项无形资产原价之和。（　　）

6．企业购入3个月到期的国债，不会减少企业投资活动产生的现金流量。（　　）

7．由于补偿贸易是以产品归还设备价款，所以以补偿贸易引进设备和补偿产品均无现金的流入和流出。（　　）

8．投资活动产生的现金流量包括发行股票或债券收到的现金。（　　）

9．编制现金流量表的主要方法有工作底稿法和间接法。（　　）

10．所有者权益变动表的主要作用是让投资人了解企业净资产的现状。（　　）

四、简答题

1．财务会计报告的作用有哪些？

2．财务会计报告的种类有哪些？

3．财务会计报告编制的要求有哪些？

4. 什么是现金流量表？现金和现金等价物各指什么？

五、业务处理题

1. 资料1：A公司为增值税一般纳税人，其2012年12月31日有关科目的余额如下表所示：

科目余额表

A公司　　　　2012年12月31日　　　　单位：元

科目名称	借方余额	科目名称	贷方余额
库存现金	14 800	短期借贷	380 000
银行存款	210 000	应付账款	400 000
其他货币资金	50 000	应付职工薪酬	81 500
交易性金融资金	—	应交税费	43 800
应收票据	60 000	长期借贷	344 000
应收账款	358 200	实收资本	1 100 000
在途物资	76 000	资本公积	200 000
原材料	100 000	盈余公积	77 400
低值易耗品	10 000	利润分配（未分配利润）	25 300
库存商品	190 000		
长期股权投资	500 000		
固定资产	961 000		
累计折旧	−70 000		
无形资产	192 000		

资料2：A公司2011年12月31日资产负债表相关资料如下表所示：

单位：元

资　产	余额	负债和所有者权益	余额
货币资金	198 000	短期借款	180 000
交易性金融资产	20 000	应付账款	410 000

（续）

资　产	余额	负债和所有者权益	余额
应收票据	180 000	应付职工薪酬	60 000
应收账款	219 200	应交税费	14 000
存货	336 000	长期借款	450 000
长期股权投资	500 000	负债合计	1 114 000
固定资产	900 000	实收资本	1 100 000
无形资产	200 000	资本公积	200 000
		盈余公积	65 000
		未分配利润	14 200
资产总计	2 493 200	所有者权益合计	1 379 200

编制A公司2012年12月31日的资产负债表

资产负债表

编制单位：A公司　　2012年12月31日　　单位：元

资　产	期末余额	年初余额	负债和所有者权益	期末余额	年初余额
货币资金			短期借款		
交易性金融资产			应付账款		
应收票据			应付职工薪酬		
应收账款			应交税费		
存货			流动负债合计		
流动资产合计			长期借款		
长期投资			非流动负债合计		
固定资产			负债合计		
无形资产			实收资本		
非流动资产合计			资本公积		
			盈余公积		
			未分配利润		
			所有者权益合计		
资产总计			负债和所有者权益		

2. A公司2012年年末收入与费用（成本）累计发生额资料如下：

单位：元

费用（成本）		收入	
主营业务成本	510 000	主营业务收入	850 000
其他业务成本	90 000	其他业务收入	90 000
营业税金及附加	2 000	公允价值变动损益	54 000
销售费用	50 000	投资收益	16 000
管理费用	126 000	营业外收入	
财务费用	12 000		
营业外支出	28 000		
所得税费用	68 000		

请编制A公司2012年度利润表（本年实际）。

利润表

编制单位：A公司　　2012年度　　单位：元

项目	上年金额	本年金额
一、营业收入		
减：营业成本		
营业税金及附加		
销售费用		
管理费用		
财务费用	（略）	
加：投资收益		
二、营业利润		
加：营业外收入		
减：营业外支出		
三、利润总额		
减：所得税费用		
四、净利润		
五、每股收益		
（一）基本每股收益	（略）	（略）
（二）稀释每股收益	（略）	（略）

3. A公司2012年其他资料如下：

（1）本年度销售商品、提供劳务收到的现金为804 000元。

（2）本期收回应收账款现金200 000元。

（3）本年度实际用现金支付工资221 500元，其中，支付给生产工人及管理人员工资150 000元，厂部管理人员工资71 000元。

（4）本年度计提福利费21 500元，其中，计入生产成本17 000元，管理费用4 500元。

（5）本年度计提折旧70 000元，其中，制造费用50 000元，厂部管理部门20 000元。本年度待摊费用是财产保险费，计入管理费用。

（6）本年度资产损失准备计提坏账准备1 000元。

（7）本年度出售设备一台，原价100 000元，已提折旧56 000元，收到现金60 000元。报废设备一批，原价168 000元，已提折旧135 000元，残料变价收入现金5 000元。

（8）本年度共购置固定资产支付现金138 000元。

（9）本年度支付现金股利100 000元。

（10）支付财务费用12 000元是银行借款利息。

（11）投资收益54 000元，其中，分得现金股利50 000元，出售投资收益4 000元（该项投资账面成本20 000元）。

（12）所得税全部用现金支付。

请根据习题1、2编制的资产负债表及利润表，以及2012年其他资料，采用工作底稿法，按直接法报告编制现金流量表。

第十六章　财务报表分析习题

一、单项选择题

1. 下列项目中属于长期债权的是（　　）。

A. 短期贷款　　B. 融资租赁　　C. 商业信用　　D. 短期债券

2. 在计算总资产周转率时使用的收入指标是（　　）。

A. 主营业务收入　B. 其他业务收入　C. 投资收入　　D. 补贴收入

3. 正大公司2012年年末资产总额为1 650 000元，负债总额为1 023 000元，计算产权比率为（　　）。

A. 0.62　　B. 0.61　　C. 0.38　　D. 1.63

4. 企业的应收账款周转天数为90天，存货周转天数为180天，则简化计算营业周期为（　　）天。

A. 90　　B. 180　　C. 270　　D. 360

5. 可用于偿还流动负债的流动资产指（　　）。

A. 存出投资款　　B. 回收期在一年以上的应收款项

C. 现金　　D. 存出银行汇票存款

6. 评价上市公司获利能力的基本核心指标是（　　）。

A. 每股收益　　B. 净资产收益率

C. 每股市价　　D. 每股净资产

7. 企业的长期偿债能力主要取决于（　　）。

A. 资产的短期流动性　　B. 获利能力

C. 资产的多少　　D. 债务的多少

8. 可以分析评价长期偿债能力的指标是（　　）。

A. 存货周转率　　B. 流动比率

C. 保守速动比率　　D. 固定支出偿付倍数

9. 某企业的流动资产为23万元，长期资产为330万元，流动负债为65万元，长期负债83万元，则资产负债率为（　　）。

A. 20%　　B. 24%　　C. 35%　　D. 42%

10. 资产运用效率，是指资产利用的有效性和（　　）。

A. 完整性　　B. 充分性　　C. 真实性　　D. 流动性

11. 丁公司2012年的主营业务收入为60 111万元，其年初资产总额为6 810万元，年末资产总额为8 600万元，该公司总资产周转率及周转天数分别为（　　）。

A. 8.83次，40.77天　　B. 6.99次，51.5天

C. 8.83次，51.5天　　D. 7.8次，46.15天

12. 从严格意义上说，计算应收账款周转率时应使用的收入指标是（　　）。

A. 主营业务收入　　B. 赊销净额

C. 销售收入　　D. 营业利润

二、多项选择题

1. 财务报表分析具有广泛的用途，一般包括（　　）。

A. 评价公司管理业绩和企业决策　　B. 判断投资、筹资和经营活动的成效

C. 预测企业未来的经营成果　　D. 寻找投资对象和兼并对象

E. 预测企业未来的财务状况

2. 财务报表分析的主体是（　　）。

A. 职工和工会　　B. 投资人

C. 债权人　　D. 经理人员

E. 审计师

3. 保守速动资产一般是指以下几项流动资产中的（　　）。

A. 短期证券投资净额　　B. 待摊费用

C. 预付账款　　D. 应收账款净额

E. 货币资金

4. 影响应收账款周转率下降的原因主要是（　　）。

A. 赊销的比率　　B. 客户故意拖延

C. 企业的收账政策　　D. 客户财务困难

E. 企业的信用政策

5. 流动资产包括（　　）。

A. 应收账款　　B. 待摊费用

C. 预收账款　　D. 预付账款

E. 低值易耗品

6. 不能用于偿还流动负债的流动资产有（　　）。

A. 信用卡保证金存款　　B. 有退货权的应收账款

C. 存出投资款　　D. 回收期在一年以上的应收款项

E. 现金

7. 与税前利润相关的因素包括（　　）。

A. 投资收益　　B. 利息费用

C. 营业费用　　D. 净利润

E. 所得税

8. 企业生产经营活动所需的资金可以来源于两类，即（　　）。

A. 投入资金　　B. 自有资金

C. 借入资金　　D. 所有者权益资金

E. 外来资金

三、判断题

1. 资产负债表反映一定期间企业的财务状况。 ( )
2. 毛利率越大，企业的净利率一定越大。 ( )
3. 在经营活动现金净流量、投资活动现金净流量、筹资活动现金净流量指标中，经营活动现金净流量最为关键。 ( )
4. 财务比率分析的最高层次是总资产周转能力分析。 ( )
5. 企业的融资结构与投资结构具有内在的、本质的关系。 ( )
6. 货币资金、存货、应收账款、预收账款属于流动资产项目。 ( )
7. 一般来说，企业的流动比率都比速动比率大。 ( )
8. 计算存货周转率时可以用主营业务收入代替赊销净额。 ( )

四、简答题

1. 简述财务分析的意义。

2. 简述财务报表分析的一般步骤。

3. 简述财务分析的基本方法。

五、业务处理题

A 公司 201×年 12 月 31 日资产负债表和利润表如下：

资产负债表

编制单位：A 公司　　201×年 12 月 31 日　　单位：万元

资产	年初数	年末数	负债及所有者权益	年初数	年末数
流动资产：			流动负债：		
货币资金	2 850	5 020	短期借款	650	485
短期投资	425	175	应付账款	1 945	1 295

（续）

资产	年初数	年末数	负债及所有者权益	年初数	年末数
应收账款	3 500	3 885	应付工资	585	975
预付账款	650	810	应付利润	1 620	2 590
存货	2 610	2 820	一年内到期的长期负债	385	485
待摊费用	75	80			
流动资产合计	10 110	12 790	流动负债合计	5 185	5 830
长期投资：			长期负债：		
长期投资	975	1 650	长期借款	650	975
固定资产：			应付债券	400	640
固定资产原价	8 100	9 075	长期负债合计	1 050	1 615
减：累计折旧	2 450	2 795	所有者权益		
固定资产净额	5 650	6 280	实收资本	4 860	5 850
无形及递延资产：			资本公积	1 560	2 370
无形资产	90	75	盈余公积	2 595	3 240
递延资产	75	55	未分配利润	1 650	1 945
其他长期资产			所有者权益合计	10 665	13 405
资产总计	16 900	20 850	负债及所有者权益总计	16 900	20 850

利 润 表

编制单位：A 公司　　　　201×年 12 月 31 日　　　　单位：万元

项目	上年金额	本年金额
一、产品销售收入	37 500	49 000
减：产品销售成本	22 500	27 500
产品销售费用	1 575	1 750
产品销售税金及附加	1 875	2 450
二、产品销售利润	11 550	17 300
加：其他业务利润	80	100
减：管理费用	2 450	2 750
财务费用	165	195
三、营业利润	9 015	14 455
加：投资收益	245	350
营业外收入	195	165
减：营业外支出	165	95
四、利润总额	9 290	14 875
减：所得税	3 065	4 910
五、净利润	6 225	9 965

注：将“现金销售”视为收账时间为零的赊销，企业无销售折扣和折让。财务费用中均为利息费用。

请根据财务报表上的资料计算以下各个比率指标：

（1）流动比率、速动比率、资产负债率；

（2）应收账款周转率、存货周转率、流动资产周转率、总资产周转率；

（3）销售毛利率、销售净利率、资产净利率。

第一章　绪论习题参考答案

一、单项选择题

1. B　2. D　3. B　4. A　5. B　6. D　7. D

二、多项选择题

1. AC　2. ABCD　3. ABCD　4. BC　5. ABCD　6. ABD　7. BCD
8. BCD　9. ABCD

三、判断题

1. ×　2. ×　3. ×　4. ×　5. √　6. ×　7. √　8. ×　9. √　10. ×

四、简答题

（略）

第二章　企业会计准则习题参考答案

一、单项选择题

1. A　2. C　3. C　4. B　5. A　6. D　7. B　8. D　9. C　10. C

二、多项选择题

1. ACD　2. ACD　3. AB　4. ABCD　5. AB　6. AD　7. ABCDE
8. BCD　9. ABC　10. BD

三、判断题

1. ×　2. ×　3. √　4. ×　5. ×　6. √　7. ×　8. √　9. ×　10. ×
11. ×　12. ×　13. ×　14. ×　15. √

四、简答题

（略）

第三章 货币资金习题参考答案

一、单项选择题

1. D 2. A 3. B 4. B 5. B 6. B 7. D 8. C 9. C 10. D

二、多项选择题

1. ABCD 2. ABC 3. ABCD 4. ABCD 5. ABC 6. ACD 7. ABC
8. ABD 9. CD

三、判断题

1. × 2. × 3. × 4. √ 5. × 6. × 7. √ 8. √

四、简答题

（略）

五、业务处理题

1. 练习货币资金的核算

		借方	贷方
（1）	借：库存现金	1 000	
	贷：银行存款		1 000
（2）	借：管理费用	320	
	贷：库存现金		320
（3）	借：其他应收款——赵志雄	1 500	
	贷：银行存款		1 500
（4）	借：库存现金	2 340	
	贷：其他业务收入		2 000
	应交税费——应交增值税（销项税额）		340
（5）	借：库存现金	120	
	贷：待处理财产损溢		120
（6）	借：待处理财产损溢	120	
	贷：营业外收入		120
（7）	借：管理费用	1 600	
	贷：其他应收款——赵志雄		1 500
	库存现金		100

2. 练习银行存款的核算

（1）借：预付账款——南华公司 10 000
　　贷：银行存款 10 000

（2）借：银行存款 32 000
　　贷：预收账款——昌盛公司 32 000

（3）借：预收账款——昌盛公司 32 000
　　贷：主营业务收入 20 000
　　　　应交税费——应交增值税（销项税额） 3 400
　　　　银行存款 8 600

（4）借：原材料——甲材料 10 300
　　　　应交税费——应交增值税（进项税额） 1 700
　　贷：预付账款——南华公司 10 000
　　　　银行存款 2 000

（5）借：银行存款 60 000
　　贷：短期借款 60 000

（6）借：应付账款——西江公司 5 000
　　贷：银行存款 5 000

（7）借：银行存款 5 000
　　贷：应收账款——甲厂 2 000
　　　　　　　　——乙厂 3 000

（8）借：银行存款 9 360
　　贷：主营业务收入 8 000
　　　　应交税费——应交增值税（销项税额） 1 360

（9）借：银行存款 100 000
　　贷：实收资本——M 公司 100 000

（10）借：管理费用——水电费 10 000
　　贷：银行存款 10 000

（11）借：销售费用——广告费 5 000
　　贷：银行存款 5 000

（12）借：银行存款 46 800
　　贷：主营业务收入 40 000
　　　　应交税费——应交增值税（销项税额） 6 800

（13）借：营业外支出——违约金 300
　　贷：银行存款 300

（14）借：材料采购——丙材料 35 000
　　　　应交税费——应交增值税（进项税额） 5 950
　　贷：银行存款 40 950

3．练习其他货币资金的核算

（1）借：其他货币资金——外埠存款　120 000
　　贷：银行存款　120 000

（2）借：其他货币资金——信用卡　50 000
　　贷：银行存款　50 000

（3）借：原材料——C 材料　5 000
　　应交税费——应交增值税（进项税额）　850
　　贷：其他货币资金——信用卡　5 850

（4）借：材料采购——原材料　40 000
　　应交税费——应交增值税（进项税额）　6 800
　　银行存款　3 200
　　贷：其他货币资金——银行本票　50 000

（5）借：其他货币资金——银行汇票　100 000
　　贷：银行存款　100 000

（6）借：银行存款　120 000
　　贷：其他货币资金——外埠存款　120 000

4．练习银行存款余额调节表的编制

项目	金额	项目	金额
企业银行存款日记账	61 121.40	银行对账单余额	74 937.40
加：银行已收入账 企业尚未入账	28 550.00	加：企业已收入账 银行尚未入账	12 800.00
减：银行已付入账 企业尚未入账	3 094.00	减：企业已付入账 银行尚未入账	1 160.00
调节后余额	86 577.40	调节后余额	86 577.00

第四章　应收款项习题参考答案

一、单项选择题

1. D　2. B　3. B　4. C　5. A　6. B　7. B　8. B　9. C　10. C
11. A　12. C　13. A　14. C　15. C

二、多项选择题

1. BC　2. ABCD　3. AB　4. ACD　5. ABC　6. AB　7. BCD
8. AD　9. ABC　10. BD　11. ABD　12. ABC　13. ABC

三、判断题

1. ×　2. ×　3. ×　4. ×　5. ×　6. √　7. √　8. √　9. √　10. √
11. ×　12. ×　13. √　14. √　15. ×　16. ×

四、简答题

（略）

五、业务处理题

1.（1）借：应收票据——A 公司　　11 700
　　贷：主营业务收入——销售商品　　10 000
　　　　应交税费——应交增值税（销项税额）　　1 700

（2）收到商业承兑汇票时：
借：应收票据——B 公司　　80 000
　贷：应收账款——B 公司　　80 000

商业承兑汇票到期时：
借：银行存款　　80 000
　贷：应收票据——B 公司　　80 000

（3）① 收到票据时：
借：应收票据——乙公司　　23 400
　贷：主营业务收入——销售商品　　20 000
　　　应交税费——应交增值税（销项税额）　　3 400

② 2012 年 12 月 31 日，计算应提取票据利息并作账务处理如下：
利息 =23 400 ×10% ×3 ÷12 =585（元）

借：应收利息——乙公司　585

　贷：财务费用——利息支出　585

③ 计算2013年计提的票据利息，票据到期收回的账务处理如下：

借：银行存款　24 570

　贷：应收票据——乙公司　23 400

　　应收利息——乙公司　585

　　财务费用——利息支出　585

（4）贴现利息＝30 000×10%×60÷360＝500（元）

所得＝30 000－500＝29 500（元）

借：银行存款　29 500

　财务费用——利息支出　500

　贷：应收票据——C公司　30 000

（5）① 若贴现率为16%，计算贴现额并作账务处理如下：

到期值＝6 000＋6 000×10%×60÷360＝6 100（元）

贴现利息＝6 100×16%×45÷360＝122（元）

所得＝6 100－122＝5 978（元）

借：银行存款　5 978

　财务费用——利息支出　22

　贷：应收票据——B公司　6 000

② 若贴现率为8%，计算贴现额并作账务处理如下：

贴现利息＝6 100×8%×45÷360＝61（元）

贴现所得 ＝6 100－61＝6 039（元）

借：银行存款　6 039

　财务费用——利息支出　39

　贷：应收票据——B公司　6 000

（6）借：材料采购——原材料　15 000

　　应交税费——应交增值税（进项税额）　2 550

　　贷：应收票据——C公司　11 700

　　　银行存款　5 850

（7）① 计算贴现款并作账务处理如下：

贴现利息＝117 000×12%×143÷360＝5 577（元）

贴现所得＝11 700－5 577＝111 423（元）

借：银行存款　111 423

　财务费用——利息支出　5 577

　贷：应收票据——乙公司　117 000

② 乙公司无力支付时，账务处理如下：

借：应收账款——乙公司　117 000

　贷：银行存款　117 000

企业银行存款账户余额不足时，账务处理如下：

借：应收账款——乙公司 117 000

贷：短期借款 117 000

2.

（1）① 用银行存款代垫运费时，账务处理如下：

借：应收账款——D 公司 800

贷：银行存款 800

② 账务处理如下：

借：应收账款——D 公司 88 920

贷：主营业务收入——销售商品 76 000

应交税费——应交增值税（销项税额） 12 920

③ 贷款存入银行，账务处理如下：

借：银行存款 89 720

贷：应收账款——D 公司 89 720

（2）

条件	按总价法处理	按净价法处理
确认销售时	借：应收账款 117 000 贷：主营业务收入 100 000 应交税费 17 000	借：应收账款 115 000 贷：主营业务收入 98 000 应交税费 17 000
若购货单位于 10 天内付款	借：银行存款 115 000 财务费用 2 000 贷：应收账款 117 000	借：银行存款 115 000 贷：应收账款 115 000
若购货单位于 20 天内付款	借：银行存款 116 000 财务费用 1 000 贷：应收账款 117 000	借：银行存款 116 000 贷：应收账款 115 000 财务费用 1 000
若购货单位于 30 天内付款	借：银行存款 117 000 贷：应收账款 117 000	借：银行存款 117 000 贷：应收账款 115 000 财务费用 2 000

3. 根据经济业务编制会计分录如下：

（1）借：预付账款——乙单位 75 000

贷：银行存款 75 000

（2）借：材料采购——原材料 60 000

应交税费——应交增值税（进项税额） 10 200

贷：预付账款——乙单位 70 200

借：原材料 60 000

贷：材料采购——原材料 60 000

（3）借：银行存款 4 800

贷：预付账款——乙单位 4 800

(4) 借：其他应收款——存出保证金　　10 000
　　贷：银行存款　　10 000
(5) 借：其他应收款——包装物押金　　400
　　贷：库存现金　　400
(6) 借：其他应收款——膳食科　　5 000
　　贷：银行存款　　5 000
(7) 借：管理费用　　3 000
　　贷：银行存款　　3 000

4. 根据经济业务编制会计分录如下：

(1) 坏账损失发生时，
借：资产减值损失　　8 000
　贷：应收账款——甲公司　　8 000

(2) 应收甲公司的账款因某种原因，半年后又收回 5 000 元存入银行时，
借：银行存款　　5 000
　贷：应收账款——甲公司　　5 000
同时，
借：应收账款——甲公司　　5 000
　贷：资产减值损失　　5 000

5. 根据经济业务编制会计分录如下：

第一年：
借：资产减值损失　　6 000
　贷：坏账准备　　6 000

第二年：
① 借：坏账准备　　8 000
　　贷：应收账款——甲单位　　3 000
　　　　　　　　——乙单位　　5 000
② 应提坏账准备 = 1 200 000 × 3‰ = 3 600（元）
补提 = 3 600 − (−2 000) = 5 600（元）
借：资产减值损失　　5 600
　贷：坏账准备　　5 600

第三年：
① 借：应收账款——乙单位　　5 000
　　贷：坏账准备　　5 000
　借：银行存款　　5 000
　　贷：应收账款——乙单位　　5 000
② 应提坏账准备 = 8 600 − 4 500 = 4 100（元）
借：坏账准备　　4 100
　贷：资产减值损失　　4 100

第四年：

① 借：坏账准备　　1 500

　　贷：应收账款——甲单位　　1 500

②应提坏账准备 = 1 300 000 × 3‰ = 3 900（元）

补提 = 3 900 − 3 000 = 900（元）

借：资产减值损失　　900

　贷：坏账准备　　900

6. 应提坏账准备 = 500 000 × 4‰ + 1 000 = 21 000（元）

借：资产减值损失　　21 000

　贷：坏账准备　　21 000

7. 坏账准备余额 = 30 000 − 60 000 + 40 000 = 10 000（元）

2012 年坏账准备 = （400 000 × 1% + 300 000 × 2% + 200 000 × 4% + 200 000 × 6% + 100 000 × 10%） − 10 000 = 30 000（元）

借：资产减值损失　　30 000

　贷：坏账准备　　30 000

第五章　存货习题参考答案

一、单项选择题

1. C　2. A　3. B　4. D　5. D　6. D　7. B　8. B　9. C　10. A　11. B

二、多项选择题

1. ABCD　2. BC　3. ABCD　4. AD　5. ACD　6. BCD　7. AB
8. ABC　9. AC　10. AC　11. ABCD

三、判断题

1. ×　2. ×　3. ×　4. ×　5. ×　6. √　7. √　8. ×　9. ×　10. ×
11. ×　12. ×

四、简答题

（略）

五、业务处理题

1.

（1）用"先进先出法"计算发出、结存存货的成本如下：

发出成本 = 1 000 × 8 + 500 × 8.5 + 1 500 × 8.5 + 500 × 9 + 500 × 9 + 1 100 × 8
　　　　= 8 000 + 4 250 + 12 750 + 4 500 + 4 500 + 8 800
　　　　= 42 800（元）

结存成本 = 8 000 + 38 000 − 42 800 = 3 200（元）

（2）采用"加权平均法"计算发出、结存存货的成本如下：

加权平均单价 = (8 000 + 17 000 + 9 000 + 12 000) ÷ (5 500) = 8.36（元）

本期发出存货成本 = 5 100 × 8.36 = 42 636（元）

期末结存存货成本 = 3 364（元）

2.

（1）借：在途物资——A 材料　　　　　　　　6 720
　　　　应交税费——应交增值税（进项税额）　1 142.40
　　　贷：银行存款　　　　　　　　　　　　　　7 862.40

（2）借：原材料——A 材料　　6 720
　　贷：在途物资——A 材料　　6 720

（3）借：生产成本——甲产品　　（400×10）4 000
　　贷：原材料——A 材料　　4 000

（4）材料成本 =5 400 + （800 −56） +100 +250 =6 494（元）

进项税额 =918 +56 =974（元）

借：原材料——A 材料　　6 494
　应交税费——应交增值税（进项税额）　　974
　贷：应付票据　　7 468

（5）在月末暂估入账：

借：原材料——A 材料　　6 000
　贷：应付账款——暂估应付账款　　6 000

（6）用先进先出法核算

领用材料的成本 =200 ×10 +100 ×（6 720 ÷560）=3 200（元）

借：管理费用　　3 200
　贷：原材料——A 材料　　3 200

（7）月末结存存货成本 =460 × （6 720 ÷560） +6 494 +6 000 =18 014（元）

3.

（1）4 月 5 日收到甲材料时：

借：原材料——甲材料　　10 000
　材料成本差异　　600
　贷：材料采购——甲材料　　10 600

（2）4 月 15 日，从外地购入材料时：

采购成本 =59 000 +2 000 × （1 −7%） +600 +200 =61 660（元）

增值税 =10 030 +2 000 ×7% =10 170（元）

借：材料采购——甲材料　　61 660
　应交税费——应交增值税（进项税额）　　10 170
　贷：银行存款　　71 830

（3）4 月 20 日，收到 4 月 15 日购买的甲材料时：

借：原材料——甲材料　　60 000
　材料成本差异——甲材料　　1 660
　贷：材料采购 ——— 甲材料　　61 660

（4）4 月 30 日，发出材料时：

借：生产成本　　40 000
　制造费用　　20 000
　销售费用　　10 000
　贷：原材料——甲材料　　70 000

（5）结转材料成本差异：

本月材料成本差异率 =（ −500 +600 +1 660）÷（40 000 +10 000 +60 000）=1. 6%

本月发出材料应计入生产成本的成本差异 = 40 000 × 1.6% = 640（元）

本月发出材料应计入制造费用的成本差异 = 20 000 × 1.6% = 320（元）

本月发出材料应计入销售费用的成本差异 = 10 000 × 1.6% = 160（元）

本月发出材料应负担的成本差异 = 640 + 320 + 160 = 1 120（元）

借：生产成本　640

　　制造费用　320

　　销售费用　160

　贷：材料成本差异——甲材料　1 120

4.

（1）当材料发出时：

借：委托加工物资——乙材料　200 000

　贷：原材料——乙材料　200 000

（2）支付加工费时：

增值税 =（58 500 ÷ 1.17）× 17% = 8 500（元）

借：委托加工物资——飞扬企业　50 000

　　应交税费——应交增值税（进项税额）　8 500

　贷：应付账款——飞扬企业　58 500

（3）交纳消费税：

代扣代缴的消费税 =（200 000 + 50 000）÷（1 − 10%）× 10% = 27 777.78（元）

若委托加工物资收回直接用于销售，则

借：委托加工物资——飞扬企业　27 777.78

　贷：银行存款　27 777.78

若委托加工物资收回用于连续生产应税消费品，则

借：应交税费——应交消费税　27 777.78

　贷：银行存款　27 777.78

（4）收回物资并入库时：

委托加工物资收回直接用于销售，则

委托加工物资的实际成本 = 200 000 + 50 000 + 27 777.78 = 277 777.78（元）

借：原材料——乙材料　277 777.78

　贷：委托加工物资——飞扬企业　277 777.78

委托加工物资收回后用于继续生产应税消费品，则

委托加工物资的实际成本 = 200 000 + 50 000 = 250 000（元）

借：原材料——乙材料　250 000

　贷：委托加工物资——飞扬企业　250 000

5.

（1）3 月 1 日，购进甲商品时：

商品成本 = 30 000 + 1 000 ×（ − 7%）+ 1000 = 31 030（元）

增值税 = 5 100 + 1 000 × 7% = 5 170（元）

借：材料采购——甲商品 31 030
　　应交税费——应交增值税（进项税额） 5 170
　贷：银行存款 36 200

同时，

借：库存商品——甲商品 34 500
　贷：材料采购——甲商品 31 030
　　　商品进销差价——甲商品 3 470

（2）3 月 18 日，购进甲商品时：

借：材料采购——甲商品 20 000
　　应交税费——应交增值税（进项税额） 3 400
　贷：银行存款 23 400

（3）3 月 25 日收到商品时：

借：库存商品——甲商品 20 800
　贷：材料采购——甲商品 20 000
　　　商品进销差价 ——— 甲商品 800

（4）3 月 26 日，销售甲商品时：

借：银行存款 46 800
　贷：主营业务收入——甲商品 46 800
借：主营业务成本——甲商品 46 800
　贷：库存商品——甲商品 46 800

（5）月末，根据当月发生的含税销售收入计算增值税时：

不含税收入 =46 800 ÷（1 +17%）=40 000（元）

增值税 =40 000 ×17% =6 800（元）

借：主营业务收入——甲商品 6 800
　贷：应交税费—— 应交增值税（销项税额） 68 00

结转已销商品进销差价：

商品进销差价率 =（3 470 +800）÷（34 500 +20 800 −46 800 +46 800）

=4 270 ÷55 300 =7. 72%

销售商品应分摊的商品进销差价 =46 800 ×7. 72% =3 612. 96（元）

借：商品进销差价——甲商品 3 612. 96
　贷：主营业务成本——甲商品 3 612. 96

6.

（1）借：材料采购——A 商品 5 000
　　　　应交税费—— 应交增值税（进项税额） 850
　　　贷：银行存款 5 850

同时，

借：库存商品——A 商品 5 500
　贷：材料采购——A 商品 5 000

商品进销差价——A 商品 500

借：银行存款 35 100

贷：主营业务收入——A 商品 35 100

同时，

借：主营业务成本——A 商品 35 100

贷：库存商品——A 商品 35 100

（3）借：材料采购——A 商品 9 522

应交税费——应交增值税（进项税额） 1 558

贷：银行存款 11 080

（4）借：库存商品——A 商品 10 000

贷：材料采购——A 商品 9 522

商品进销差价——A 商品 478

（5）借：库存商品——A 商品 6 000

贷：应付账款——暂估应付账款 5 850

商品进销差价——A 商品 150

（6）不含税收入 =35 100 ÷（1 +17%） =30 000（元）

增值税 =30 000 ×17% =5 100（元）

借：主营业务收入——A 商品 5 100

贷：应交税费——应交增值税（销项税额） 5 100

（7）月末商品进销差价余额 =2 000 +500 +478 +150 =3 128（元）

月末库存商品余额 =46 800 +5 500 +10 000 +6 000 −35 100 =33 200（元）

商品进销差价率 =3 128 ÷（33 200 +35 100）≈4.6%

本月销售商品应分摊的商品进销差价 =35 100 ×4.6% =1 614.60（元）

借：主营业务成本——A 商品 1 614.60

贷：商品进销差价——A 商品 1 614.60

7.

（1）借：在途物资——甲商品 3 500

应交税费——应交增值税（进项税额） 595

贷：应付账款——欣欣公司 4 095

同时，

借：库存商品——甲商品 3 500

贷：在途物资——甲商品 3 500

（2）借：在途物资——甲商品 2 000

应交税费——应交增值税（进项税额） 340

贷：银行存款 2 340

（3）借：库存商品——甲商品 （4 200 +1 000 −70 +200）5 330

贷：在途物资——甲商品 5 330

（4）8 月 26 日和 28 日不作账务处理，在月末暂估入账：

借：库存商品——丙商品　6 800
　贷：应付账款——暂估应付账款　6 800

8.

(1) 借：生产成本——A 产品　1 000
　　贷：包装物——在库　1 000

(2) 借：银行存款　702
　　贷：其他业务收入——包装物　600
　　　　应交税费——应交增值税（销项税额）　102

(3) 借：银行存款　1 000
　　贷：其他应付款——C 公司　1 000
　　借：销售费用　800
　　贷：包装物——在库　800

(4) 收取押金时：

借：银行存款　5 000
　贷：其他应付款——D 公司　5 000

发出包装物时：

借：包装物——在用　4 000
　贷：包装物——在库　4 000

同时，

借：其他业务成本——包装物　2 000
　贷：包装物——摊销　2 000

收到租金收入时：

借：银行存款　300
　贷：其他业务收入——包装物　300

借：其他业务成本　15
　贷：应交税费——应交营业税　15

9.

(1) 领用时：

借：低值易耗品——在用　8 000
　贷：低值易耗品——在库　8 000

同时，

借：制造费用——低值易耗品摊销　4 000
　贷：低值易耗品——摊销　4 000

(2) 报废时：

借：制造费用——低值易耗品摊销　4 000
　贷：低值易耗品——摊销　4 000

同时，

借：低值易耗品——摊销　8 000
　贷：低值易耗品——在用　8 000

10.

（1）批准前：

借：待处理财产损溢——待处理流动资产损溢 5 850

  贷：原材料——甲材料 5 000

    应交税费——应交增值税（进项税转出） 850

批准后：

借：营业外支出——非常损失 4 850

  原材料——甲材料 200

  其他应收款——×××保险公司 800

  贷：待处理财产损溢——待处理流动资产损溢 5 850

（2）批准前：

借：原材料—— 乙材料 3 000

  库存商品——A 商品 6 000

  贷：待处理财产损溢——待处理流动资产损溢 9 000

批准后：

借：待处理财产损溢——待处理流动资产损溢 9 000

  贷：管理费用 9 000

（3）批准前：

借：待处理财产损溢——待处理流动资产损溢 8 000

  贷：原材料——丙材料 8 000

批准后：

借：其他应收款——小吴 3 000

      ——×××保险公司 4 000

  管理费用 1 000

  贷：待处理财产损溢——待处理流动资产损溢 8 000

11.

（1）2009 年年末：

借：资产减值损失——存货跌价损失 2 000

  贷：存货跌价准备 2 000

（2）2010 年年末：

借：资产减值损失——存货跌价损失 3 000

  贷：存货跌价准备 3 000

（3）2011 年年末：

借：存货跌价准备 4 000

  贷：资产减值损失——存货跌价损失 4 000

（4）2012 年年末：

借：存货跌价准备 1 000

  贷：资产减值损失——存货跌价损失 1 000

第六章　金融资产习题参考答案

一、单项选择题

1. B　2. A　3. C　4. A　5. B　6. D　7. C　8. D　9. B　10. D
11. B　12. A　13. C　14. D　15. A　16. B　17. B　18. A　19. C
20. D　21. A　22. A

二、多项选择题

1. ABCD　2. ABD　3. ACD　4. ABD　5. BD　6. AD　7. BD
8. ABCD　9. AC　10. ABC　11. AD　12. ABC　13. AD

三、判断题

1. √　2. √　3. √　4. ×　5. ×6. ×　7. ×　8. ×　9. ×　10. ×
11. ×　12. √　13. √　14. ×　15. √

四、简答题

（略）

五、业务处理题

1.

（1）借：交易性金融资产——A 公司股票（成本）　160 000
　　　　投资收益　1 000
　　贷：银行存款　161 000

（2）借：应收股利　4 000
　　贷：投资收益　4 000

（3）借：交易性金融资产——A 公司股票（成本）　900 000
　　　　应收股利　20 000
　　　　投资收益　6 000
　　贷：银行存款　926 000

（4）借：银行存款　20 000
　　贷：应收股利　20 000

（5）公允价值变动损益 =（160 000 + 900 000）－16.4 × 60 000 = 76 000（元）

借：公允价值变动损益　76 000
　贷：交易性金融资产——A 公司股票（公允价值变动）　76 000

(6) 借：银行存款 515 000
交易性金融资产——A 公司股票（公允价值变动） 38 000
贷：交易性金融资产——A 公司股票（成本） 530 000
投资收益 23 000
借：投资收益 38 000
贷：公允价值变动损益 38 000

(7) 公允价值变动损益 = 18 × 30 000 − [(160 000 + 900 000 − 530 000) − (76 000 − 38 000)] = 48 000（元）

借：交易性金融资产——A 公司股票（公允价值变动） 48 000
贷：公允价值变动损益 48 000

2.

(1) 2012 年 1 月 5 日取得交易性金融资产：
借：交易性金融资产——成本 2 000
应收利息 60
投资收益 40
贷：银行存款 2 100

(2) 1 月 15 日收到 2011 年下半年的利息 60 万元：
借：银行存款 60
贷：应收利息 60

(3) 3 月 31 日，该债券公允价值为 2 200 万元：
借：交易性金融资产——公允价值变动 200
贷：公允价值变动损益 200

(4) 3 月 31 日，按债券票面利率计算利息：
借：应收利息 (2000 × 6% × 3 ÷ 12) 30
贷：投资收益 30

(5) 6 月 30 日，该债券公允价值为 1 960 万元：
借：公允价值变动损益 (2200 − 1960) 240
贷：交易性金融资产——公允价值变动 240

(6) 6 月 30 日，按债券票面利率计算利息：
借：应收利息 (2000 × 6% × 3 ÷ 12) 30
贷：投资收益 30

(7) 7 月 15 日收到 2012 年上半年的利息 60 万元：
借：银行存款 60
贷：应收利息 60

(8) 8 月 15 日，将该债券全部处置，实际收到价款 2 400 万元：
借：银行存款 2400
交易性金融资产——公允价值变动 40
贷：交易性金融资产——成本 2000

投资收益 400

公允价值变动损益 40

3.

(1) 201×年1月1日，购入B公司债券：

借：持有至到期投资——B公司债券——成本 1 250 000

贷：银行存款 1 000 000

持有至到期投资——B公司债券——利息调整 250 000

(2) 珠江公司资产负债表日确认债券实际利息收入、收到债券利息，收回本金。

计算该债券的实际利率r。

根据 $59\,000\times(1+r)^{-1}+59\,000\times(1+r)^{-2}+59\,000\times(1+r)^{-3}+59\,000\times(1+r)^{-4}+(59\,000+1\,250\,000)\times(1+r)^{-5}=1\,000\,000$

采用插值法，计算得出r=10%。

表1 单位：元

日期	现金流入(a)	实际利息收入(b)=期初(d)×10%	已收回的本金(c)=(a)-(b)	摊余成本余额(d)=期初(d)-(c)
201×年1月1日				1 000 000
201×年12月31日	59 000	100 000	-41 000	1 041 000
第2年12月31日	59 000	104 100	-45 100	1 086 100
第3年12月31日	59 000	108 610	-49 610	1 135 710
第4年12月31日	59 000	113 571	-54 571	1 190 281
第5年12月31日	59 000	118 719*	-59 719	1 250 000
小计	295 000	545 000	-250 000	1 250 000
第5年12月31日	1 250 000	—	1 250 000	0
合计	1 545 000	545 000	1 000 000	—

*尾数调整：1 250 000+59 000-1 190 281=118 719（元）

根据表1中的数据，珠江公司应编制的会计分录如下：

① 201×年12月31日，确认B公司债券实际利息收入、收到债券利息：

借：应收利息——B公司 59 000

持有至到期投资——B公司债券——利息调整 41 000

贷：投资收益——B公司债券 100 000

借：银行存款 59 000

贷：应收利息——B公司 59 000

② 第2年12月31日，确认B公司债券实际利息收入、收到债券利息：

借：应收利息——B公司 59 000

持有至到期投资——B公司债券——利息调整 45 100

贷：投资收益——B公司债券 104 100

借：银行存款　　59 000

　贷：应收利息——B公司　　59 000

③ 第3年12月31日，确认B公司债券实际利息收入、收到债券利息：

借：应收利息——B公司　　59 000

　　持有至到期投资——B公司债券——利息调整　　49 610

　贷：投资收益——B公司债券　　108 610

借：银行存款　　59 000

　贷：应收利息——B公司　　59 000

④ 第4年12月31日，确认B公司债券实际利息收入、收到债券利息：

借：应收利息——B公司　　59 000

　　持有至到期投资——B公司债券——利息调整　　54 571

　贷：投资收益——B公司债券　　113 571

借：银行存款　　59 000

　贷：应收利息——B公司　　59 000

⑤ 第5年12月31日，确认B公司债券实际利息收入、收到债券利息和本金：

借：应收利息——B公司　　59 000

　　持有至到期投资——B公司债券——利息调整　　59 719

　贷：投资收益——B公司债券　　118 719

借：银行存款　　59 000

　贷：应收利息——B公司　　59 000

借：银行存款　　1 250 000

　贷：持有至到期投资——B公司债券——成本　　1 250 000

4. 珠江公司所购买B公司债券的实际利率r计算如下：

根据(59 000 + 59 000 + 59 000 + 59 000 + 59 000 + 1 250 000) × $(1 + r)^{-5}$ = 1 000 000

计算得出r≈9.05%。

据此，调整表1中相关数据后如表2所示：

表2　　单位：元

日期	现金流入(a)	实际利息收入(b)=期初(d)×9.05%	已收回的本金(c)=(a)-(b)	摊余成本余额(d)=期初(d)-(c)
201×年1月1日				1 000 000
201×年12月31日	0	90 500	-90 500	1 090 500
第2年12月31日	0	98 690.25	-98 690.25	1 189 190.25
第3年12月31日	0	107 621.72	-107 621.72	1 296 811.97
第4年12月31日	0	117 361.48	-117 361.48	1 414 173.45
第5年12月31日	295 000	130 826.55*	164 173.45	1 250 000
小计	295 000	545 000	-250 000	1 250 000

（续）

日期	现金流入(a)	实际利息收入(b)=期初(d)×9.05%	已收回的本金(c)=(a)-(b)	摊余成本余额(d)=期初(d)-(c)
第5年12月31日	1 250 000	-	1 250 000	0
合计	1 545 000	545 000	1 000 000	-

*尾数调整：1 250 000 + 295 000 - 1 414 173.45 = 130 826.55（元）

根据表2中的数据，珠江公司应编制的会计分录如下：

（1）201×年1月1日，购入B公司债券：

借：持有至到期投资——B公司债券——成本　1 250 000
　贷：银行存款　1 000 000
　　持有至到期投资——B公司债券——利息调整　250 000

（2）201×年12月31日，确认B公司债券实际利息收入：

借：持有至到期投资——B公司债券——应计利息　59 000
　　　　　　　　　　　　　　——利息调整　31 500
　贷：投资收益——B公司债券　90 500

（3）第2年12月31日，确认B公司债券实际利息收入：

借：持有至到期投资——B公司债券——应计利息　59 000
　　　　　　　　　　　　　　——利息调整　39 690.25
　贷：投资收益——B公司债券　98 690.25

（4）第3年12月31日，确认B公司债券实际利息收入：

借：持有至到期投资——B公司债券——应计利息　59 000
　　　　　　　　　　　　　　——利息调整　48 621.72
　贷：投资收益——B公司债券　107 621.72

（5）第4年12月31日，确认B公司债券实际利息收入：

借：持有至到期投资——B公司债券——应计利息　59 000
　　　　　　　　　　　　　　——利息调整　58 361.48
　贷：投资收益——B公司债券　117 361.48

（6）第5年12月31日，确认B公司债券实际利息收入、收回债券本金和票面利息：

借：持有至到期投资——B公司债券——应计利息　59 000
　　　　　　　　　　　　　　——利息调整　71 826.55
　贷：投资收益——B公司债券　130 826.55

借：银行存款　1 545 000
　贷：持有至到期投资——B公司债券——成本　1 250 000
　　　　　　　　　　　　　　　——应计利息　295 000

5.

（1）企业取得可供出售的金融资产，应按其公允价值与交易费用之和确认投资成本，如有支付的价款中包含的已宣告但尚未发放的现金股利，单独确认为应收股利。

购入时：

借：可供出售金融资产——成本　　502 500

　　应收股利　　25 000

　贷：银行存款　　527 500

(2) 201×年4月20日收到G公司发放的现金股利：

借：银行存款　　25 000

　贷：应收股利　　25 000

(3) 201×年12月31日，资产负债表日根据金融资产的公允价值调整其账面价值，差额部分计入权益：

借：可供出售金融资产——公允价值变动　　(550 000 - 502 500) 47 500

　贷：资金公积——其他资本公积　　47 500

(4) 购入后被投资方宣告发放现金股利，投资方应将现金股利确认为投资收益：

借：应收股利　　20 000

　贷：投资收益　　20 000

借：银行存款　　20 000

　贷：应收股利　　20 000

(5) 第2年12月31日，资产负债表日根据金融资产的公允价值调整其账面价值，差额部分计入权益：

借：资本公积——其他资本公积　　(550 000 - 450 000) 100 000

　贷：可供出售金融资产——公允价值变动　　100 000

(6) 第4年10月1日，将股票全部转让：

借：银行存款　　474 800

　　可供出售金融资产——公允价值变动　　52 500

　贷：可供出售金融资产——成本　　502 500

　　　投资收益　　24 800

G公司股票出售价格 = 4.8×100 000 = 480 000（元）

出售G公司股票股票取得的价款 = 480 000 - 5 200 = 474 800（元）

出售乙公司股票时的账面余额 = 502 500 - 52 500 = 450 000（元）

同时，要将以前记的资本公积转出：

借：投资收益　　52 500

　贷：资本公积——其他资本公积——公允价值变动　　52 500

6. 珠江公司出售H公司债券20 000份的相关账务处理如下：

(1) 第2年1月1日，出售H公司债券20 000份：

借：银行存款　　2 020 000

　贷：持有至到期投资——成本、利息调整　　2 164 200

　　　投资收益　　144 200

(2) 第2年1月1日，将剩余的80 000份H公司债券重分类为可供出售金融资产：

借：可供出售金融资产——成本　　8 080 000

资本公积——其他资本公积——公允价值变动　560 000

贷：持有至到期投资——成本、利息调整　8 640 000

7.

（1）201×年1月1日，购入债券：

借：持有至到期投资——成本　1 250 000

贷：银行存款　1 000 000

持有至到期投资——利息调整　250 000

（2）201×年12月31日，确认实际利息收入、收到票面利息等：

借：应收利息　（1 250 000×4.72%）59 000

持有至到期投资——利息调整　41 000

贷：投资收益　（1 000 000×10%）100 000

借：银行存款　59 000

贷：应收利息　59 000

（3）第2年12月31日，有客观证据表明A公司发生严重财务困难，甲公司据此认定对A公司的债券发生了减值，并预期第3年12月31日将收到利息59 000元，第4年12月31日将收到利息59 000元，但第5年12月31日将仅收到本金800 000元。

①第2年12月31日未确认减值损失前：

借：应收利息　59 000

持有至到期投资——利息调整　45 100

贷：投资收益　[（1 000 000+41 000）×10%]104 100

借：银行存款　59 000

贷：应收利息　59 000

②确认减值损失：

摊余成本=1 000 000+41 000+45 100=1 086 100（元）

第2年年末预计的现金流量=59 000×（P/S,10%,1）+59 000×（P/S,10%,2）+800 000×（P/S,10%,3）=703 448.53(元)

确认减值损失=1 086 100－703 448.53=382 651.47（元）

借：资产减值损失　382 651.47

贷：持有至到期投资减值准备　382 651.47

（4）第3年12月31日，收到A公司支付的利息59 000元。确认实际利息收入、收到票面利息等计提减值后的次年，以现值为基础计算实际利息：

借：应收利息　59 000

持有至到期投资——利息调整　11 344.85

贷：投资收益　（703 448.53×10%）70 344.85

借：银行存款　59 000

贷：应收利息　59 000

第3年12月31日，摊余成本=703 448.53+11 344.85=714 793.38（元）

（5）第4年12月31日，收到A公司支付的利息59 000元，并且有客观证据表明

A 公司财务状况显著改善，A 公司的偿债能力有所恢复，估计第 5 年 12 月 31 日将收到利息 59 000 元，本金 1 000 000 元。

①第 4 年 12 月 31 日，确认实际利息收入、收到票面利息：

借：应收利息　　59 000
　　持有至到期投资——利息调整　　12 479. 34
　贷：投资收益　　（714 793. 38 × 10%）71 479. 34
借：银行存款　　59 000
　贷：应收利息　　59 000

②转回计提减值准备：

第 4 年年末预计的现金流量的现值 =（1 000 000 + 59 000）÷（1 + 10%）
=962 727. 27（元）

第 4 年转回前的摊余成本 = 714 793. 38 + 12 479. 34 = 727 272. 72（元）

第 4 年假设不计提减值损失的摊余成本 = 1 000 000 + 41 000 + 45 100 + 49 610 + 54 571 = 1 190 281（元）

所以应转回的减值准备金 = 962 727. 27 − 727 272. 72 = 235 454. 55（元）小于 1 190 281 − 727 272. 72 = 463 008. 28（元）

第 4 年 12 月 31 日，确认 A 公司债券投资减值损失转回额 235 454. 55 元：

借：持有至到期投资减值准备　　235 454. 55
　贷：资产减值损失　　235 454. 55

调整后，第 4 年 12 月 31 日的摊余成本 = 727 272. 72 + 235 454. 55 = 962 727. 27（元）

（6）第 5 年 12 月 31 日，收到 A 公司支付的利息 59 000 元，实际收到本金 1 000 000 元。

第 5 年 12 月 31 日，确认实际利息收入、收到票面利息：

尚未摊销的"利息调整" =（1）250 000 −（2）41 000 −（3）45 100 −（4）11 344. 85 −（5）12 479. 34 = 140 075. 81（元）

借：应收利息　　59 000
　　持有至到期投资——利息调整　　140 075. 81
　贷：投资收益　　199 075. 81
借：银行存款　　59 000
　贷：应收利息　　59 000
借：银行存款　　1 000 000
　　投资收益　　102 803. 08
　　持有至到期投资减值准备　　147 196. 92
　贷：持有至到期投资——成本　　1 250 000

第七章　长期股权投资习题参考答案

一、单项选择题

1. B　2. D　3. D　4. A　5. D　6. A　7. A　8. B　9. B　10. C
11. C　12. D

二、多项选择题

1. ABD　2. AC　3. ABCD　4. AB　5. CD　6. CD　7. ABD　8. AB

三、判断题

1. ×　2. √　3. √　4. ×　5. ×　6. √　7. ×　8. √　9. ×　10. ×
11. ×

四、简答题

(略)

五、业务处理题

1. 珠江公司初始投资成本 = 2 000 000 × 60% = 120 0000（元）

借：固定资产清理	950 000	
累计折旧	50 000	
贷：固定资产		1 000 000
借：长期股权投资——中山公司	1 200 000	
资本公积	200 000	
盈余公积	150 000	
贷：银行存款		600 000
固定资产清理		950 000

2.

（1）星海公司初始投资成本 = 2 800 000（元）

借：长期股权投资——佛山公司	2 800 000	
贷：银行存款		2 800 000

（2）星海公司初始投资成本 = 1 400 000 + 1 000 000 = 2400 000（元）

借：固定资产清理	1 500 000	
累计折旧	500 000	

贷：固定资产 2000 000

借：长期股权投资——佛山公司 2400 000

营业外支出 100 000

贷：固定资产清理 1 500 000

长期应付款 1 000 000

(3) 星海公司初始投资成本 =2 800 000（元）

借：长期股权投资——佛山公司 2 800 000

贷：银行存款 2 800 000

3.

(1) 甲企业初始投资时：

借：长期股权投资——乙企业 100 000

贷：银行存款 100 000

(2) 第 1 年乙企业分派现金股利时：

借：应收股利——乙企业 6 000

贷：投资收益 6 000

(3) 第 2 年乙企业分派现金股利时：

借：应收股利——乙企业 12 000

贷：投资收益 12 000

(4) 第 3 年乙企业分派现金股利时：

借：应收股利——乙企业 13 000

贷：投资收益 13 000

4.

(1) 初始投资：

借：长期股权投资——乙公司——成本 3 200 000

贷：银行存款 3 200 000

(2) 2008 年年末按比例分担乙公司的利润：

借：长期股权投资——乙公司——损益调整 300 000

贷：投资收益 300 000

(3) 2009 年年末按比例分担乙公司的损失：

借：投资收益 3 500 000

贷：长期股权投资——乙公司——损益调整 3 500 000

甲公司 2009 年年末未确认的投资损失为 1 000 000 元（4 500 000 - 3 500 000），可以将此在备查簿登记

(4) 2010 年年末按比例分担乙公司的利润：

不作账务处理。甲公司 2010 年末未确认的投资损失为 100 000 元（1 000 000 - 900 000），可以将此在备查簿登记

(5) 2011 年年末按比例分担乙公司的利润：

借：长期股权投资——乙公司——损益调整 500 000

贷：投资收益　　500 000

（6）2012 年年末按比例分担乙公司的利润：

借：长期股权投资——乙公司——损益调整　　3 600 000

贷：投资收益　　3 600 000

（7）2013 年宣告分派现金股利：

借：应收股利　　300 000

贷：长期股权投资——乙公司——损益调整　　300 000

第八章　固定资产习题参考答案

一、单项选择题

1. D　2. D　3. A　4. A　5. A　6. D　7. C　8. A　9. A　10. A
11. D　12. C　13. A　14. A　15. A　16. D　17. C　18. A　19. A　20. D

二、多项选择题

1. ABCD　2. ABCD　3. AC　4. CD　5. ACD　6. AB　7. BC
8. CD　9. AB　10. BC　11. CD　12. ABC　13. ABCD
14. BCD　15. ABC　16. ABC　17. AC　18. ABC　19. CD　20. BC

三、判断题

1. ×　2. ×　3. ×　4. ×　5. ×　6. ×　7. √　8. ×　9. ×　10. ×
11. ×　12. ×　13. ×　14. ×　15. √　16. ×　17. √　18√　19. √
20. ×

四、简答题

（略）

五、业务处理题

1. 固定资产取得的核算

（1）借：在建工程——车床　102 000
　　　　应交税费——应交增值税（进项税额）　17 000
　　　贷：银行存款　119 000

（2）领料及付款时：
借：在建工程——车床　1 000
　贷：原材料　84
　　　库存现金　916

交付使用时：
借：固定资产——生产用机器设备　103 000
　贷：在建工程——车床　103 000

（3）借：固定资产——生产用机器设备　80 000
　　　　应交税费——应交增值税（进项税额）　13 600
　　　贷：银行存款　93 600

（4）借：固定资产——生产用机器设备 4 000 000
　　贷：实收资本——红星公司 4 000 000
（5）借：固定资产——生产用运输设备 68 440
　　　应交税费——应交增值税（进项税额） 11 560
　　贷：银行存款 80 000
（6）借：工程物资 840 500
　　贷：银行存款 840 500
（7）借：在建工程 （10 000 +20 000 ×17%）13 400
　　贷：库存商品 10 000
　　　　应交税费——应交增值税（销项税额） 3 400
（8）借：在建工程——车间 773 260
　　贷：工程物资 773 260
（9）借：原材料 1 000
　　　其他应收款——张山 2 000
　　贷：在建工程——车间 3 000
（10）材料买价 =640 000 ÷250 =2 560（元/吨）
增值税 =2 560 ×17% =435.2（元/吨）
材料运费 =91 700 ÷250 =366.8（元/吨）
每吨材料运费中含增值税 =366.8 ×7% =25.68（元/吨）
验收入库材料单位成本 =2 560 +366.8 −25.68 =2 901.12（元）
验收入库每吨含增值税 =435.2 +25.68 =460.88（元）
借：原材料 58 022.40
　　应交税费——应交增值税（进项税额） 9217.60
　贷：工程物资 67 240
（11）借：在建工程——车间 91 200
　　贷：应付职工薪酬——工资 91 200
（12）借：在建工程——车间 14 900
　　贷：银行存款 14 900
（13）借：在建工程——车间 20 000
　　贷：长期借款 20 000
（14）工程成本 =13 400 +773 260 −3 000 +91 200 +14 900 +20 000
=909 760（元）
借：固定资产——生产用房屋建筑物 909 760
　贷：在建工程——车间 909 760
（15）借：在建工程——仓库 500 000
　　贷：银行存款 500 000
（16）借：在建工程——仓库 30 000
　　贷：长期借款 30 000

(17) 借：固定资产——生产用房屋及建筑物　530 000

　　贷：在建工程——仓库　530 000

2. 固定资产折旧的核算

(1) 年折旧率 = [(1 - 4%) ÷ 10] × 100% = 9.6%

月折旧率 = 9.6% ÷ 12 = 0.8%

年折旧额 = 100 000 × 9.6% = 9 600（元）

月折旧额 = 100 000 × 0.8% = 800（元）

(2) ①双倍余额递减法

年折旧率 = (2 ÷ 5) × 100% = 40%

第 1 年折旧：120 000 × 40% = 48 000（元）（120 000 - 48 000 = 72 000 元）

第 2 年折旧：72 000 × 40% = 28 800（元）（72 000 - 28 800 = 43 200 元）

第 3 年折旧：43 200 × 40% = 17 280（元）（43 200 - 17 280 = 25 920 元）

第四年、第五年折旧改为直线法：[25 920 - (120 000 × 2%)] ÷ 2 = 11 760（元）

②年数总和法

应计提折旧总额 = 120 000 × (1 - 2%) = 117 600（元）

第 1 年折旧：117 600 × 5 ÷ 15 = 39 200（元）

第 2 年折旧：117 600 × 4 ÷ 15 = 31 360（元）

第 3 年折旧：117 600 × 3 ÷ 15 = 23 520（元）

第 4 年折旧：117 600 × 2 ÷ 15 = 15 680（元）

第 5 年折旧：117 600 × 1 ÷ 15 = 7 840（元）

(3) 单位工作量折旧额 = [200 000 × (1 - 4%)] ÷ 800 000 = 0.24（元/千米）

本月应计提折旧额 = 0.24 × 18 000 = 4 320（元）

3. 固定资产改建、扩建的核算

已提折旧额 = 1 000 000 × (1 - 4%) ÷ 50 × 25 = 480 000（元）

账面价值 = 1 000 000 - 480 000 = 520 000（元）

(1) 借：在建工程——第三生产车间　520 000

　　　累计折旧　480 000

　　贷：固定资产　1 000 000

　借：在建工程——第三生产车间　460 000

　　贷：银行存款　460 000

(2) 借：库存现金　500

　　贷：在建工程——第三生产车间　500

(3) 工程价值变为：520 000 + 460 000 - 500 = 979 500（元）

每月提取折旧额 = (979 500 - 45 500) ÷ 40 ÷ 12 = 1 945.83（元）

借：固定资产　979 500

　贷：在建工程　979 500

4. 固定资产修理的核算

(1) 借：制造费用 40 000

贷：银行存款 40 000

(2) 借：管理费用 1 000

贷：银行存款 1 000

5. 固定资产期末计价的核算

到2012年12月已提折旧额 =300 000×(1－2%)÷10÷12×22=53 900（元）

固定资产账面价值 =300 000－53 900=246 100（元）

借：资产减值损失 51 000

贷：固定资产减值准备 51 000

减值后固定资产每月折旧额 =200 000×(1－1%)÷8÷12=2 062.5（元）

6. 固定资产清理及清查的核算

(1) ①将设备转入清理时：

借：固定资产清理 26 000

累计折旧 58 000

固定资产减值准备 6 000

贷：固定资产——不需用 90 000

②支付清理费用时：

借：固定资产清理 500

贷：库存现金 500

③收到价款时：

借：银行存款 28 000

贷：固定资产清理 28 000

④结转清理净损益：28 000－26 000－500=1 500（元）

借：固定资产清理 1 500

贷：营业外收入 1 500

(2) ①设备转入清理时：

借：固定资产清理 21 760

累计折旧 138 240

贷：固定资产 160 000

②支付清理费用时：

借：固定资产清理 300

贷：库存现金 300

③残料收入存入银行时：

借：银行存款 5 000

贷：固定资产清理 5 000

④结转清理净损益：5 000－21 760－300 =－17 060（元）

借：营业外支出 17 060

贷：固定资产清理 17 060

(3) ①盘盈时：

借：固定资产 25 000

　贷：以前年度损益调整 25 000

②批准后：

借：以前年度损益调整 25 000

　贷：利润分配——未分配利润 25 000

(4) ①盘亏时：

借：待处理财产损溢 2 000

　　累计折旧 16 000

　贷：固定资产 18 000

②批准后：

借：营业外支出 2 000

　贷：待处理财产损溢 2 000

第九章　无形资产、商誉和长期待摊费用习题参考答案

一、单项选择题

1. D　2. A　3. B　4. D　5. B　6. C　7. B　8. C　9. A　10. A

二、多项选择题

1. ABCD　2. ABC　3. AC　4. AB　5. ABC　6. BCD　7. ABCD
8. BCD　9. BCD　10. ABCD

三、判断题

1. √　2. ×　3. √　4. ×　5. √　6. ×　7. √　8. √　9. √　10. ×

四、简答题

（略）

五、业务处理题

1. 练习无形资产的核算

分录	借方	贷方
（1）借：无形资产——专利权	300 000	
贷：银行存款		300 000

（2）年摊销额 = 300 000 ÷ 8 = 37 500（元）

月摊销额 = 37 500 ÷ 12 = 3 125（元）

分录	借方	贷方
借：管理费用——无形资产摊销	3 125	
贷：累计摊销——无形资产摊销		3 125
（3）借：银行存款	200 000	
无形资产减值准备	100 000	
累计摊销	75 000	
贷：无形资产——专利权		300 000
应交税费——应交营业税		10 000
——应交城市维护建设税		700
——应交教育费附加		300
营业外收入——处置非流动资产利得		61 000
银行存款		3 000

(4) 借：无形资产——土地使用权　　500 000
　　贷：实收资本　　500 000
(5) 借：无形资产——非专利技术　　360 000
　　贷：营业外收入　　360 000
(6) 发生各项支出时：
借：研发支出——资本化支出　　260 000
　　贷：原材料等　　260 000
登记注册后：
借：无形资产　　260 000
　贷：研发支出——资本化支出　　260 000
(7) ① 2011 年购入无形资产时：
借：无形资产——专利权　　1 200 000
　贷：银行存款　　1 200 000
② 2011 年无形资产摊销时：
借：管理费用——无形资产摊销　　200 000
　贷：累计摊销——无形资产摊销　　200 000
③ 2012 年无形资产摊销时：
借：管理费用——无形资产摊销　　200 000
　贷：累计摊销——无形资产摊销　　200 000
④ 2012 年计提无形资产减值准备：
应计提的无形资产减值准备 = 1200 000 − 200 000 − 200 000 − 250 000
= 550 000（元）
借：资产减值损失　　550 000
　贷：无形资产减值准备　　550 000
计算剩余使用年限内年摊销额：
剩余使用年限内年摊销额 = 250 000 ÷ 4 = 62 500（元）
8. 每年取得租金：
借：银行存款　　150 000
　贷：其他业务收入——出租商标权　　150 000
按年对该商标权进行摊销并计算应交的营业税：
借：其他业务成本——商标权摊销　　（2 100 000 ÷ 15）140 000
　贷：累计摊销　　140 000
借：营业税金及附加　　（200 000 × 5%）10 000
　贷：应交税费——应交营业税　　10 000
2. 练习商誉的核算
商誉的入账价值 = 1000 000 − （200 000 + 550 000 + 500 000 − 400 000）
= 150 000（元）

借：存货	200 000	
固定资产	550 000	
无形资产——土地使用权	500 000	
商誉	150 000	
贷：流动负债		400 000
银行存款		1 000 000

第十章　投资性房地产习题参考答案

一、单项选择题

1. D　2. A　3. D　4. B　5. A　6. B　7. B　8. A　9. B　10. C

二、多项选择题

1. ACD　2. ABC　3. AB　4. ABD　5. AD　6. ABC　7. AC　8. ACD

三、判断题

1. ×　2. ×　3. √　4. ×　5. √　6. ×　7. ×　8. ×　9. ×

四、简答题

（略）

五、业务处理题

1. 乙公司的相关会计分录如下：

科目	借方	贷方
借：投资性房地产——成本	2 030	
贷：银行存款		2 030
借：银行存款	150	
贷：其他业务收入		150
借：公允价值变动损益	30	
贷：投资性房地产——公允价值变动		30

2. 甲公司的相关会计分录如下：

（1）2012 年 4 月 15 日：

科目	借方	贷方
借：投资性房地产——成本	470 000 000	
贷：开发产品		450 000 000
资本公积——其他资本公积		20 000 000

（2）2012 年 12 月 31 日：

科目	借方	贷方
借：投资性房地产——公允价值变动	10 000 000	
贷：公允价值变动损益		10 000 000

3. 甲公司相关会计处理如下：

科目	借方	贷方
（1）借：投资性房地产——成本	800	
贷：银行存款		800

（2）2010 年计提的折旧额 =（800 − 53）÷ 15 ÷ 12 × 11 = 45.65（万元）

借：其他业务成本　45.65

　贷：投资性房地产累计折旧　45.65

（3）借：银行存款　90

　　贷：其他业务收入　90

（4）2011 年计提的折旧额 =（800 − 53）÷ 15 ÷ 12 × 12 = 49.8（万元）

借：其他业务成本　49.8

　贷：投资性房地产累计折旧　49.8

（5）2011 年年末的账面价值 = 800 − 45.65 − 49.8 = 704.55（万元）

4. 长城公司相关业务会计分录如下：

（1）2009 年 12 月 31 日：

借：投资性房地产——成本　1 700

　　公允价值变动损益　600

　　累计折旧　400

　贷：固定资产　2 700

（2）2010 年 12 月 31 日：

借：银行存款　200

　贷：其他业务收入　200

借：投资性房地产——公允价值变动　130

　贷：公允价值变动损益　130

（3）2011 年 12 月 31 日：

借：银行存款　200

　贷：其他业务收入　200

借：投资性房地产——公允价值变动　50

　贷：公允价值变动损益　50

（4）2012 年 12 月 31 日：

借：银行存款　200

　贷：其他业务收入　200

借：公允价值变动损益　120

　贷：投资性房地产——公允价值变动　120

（5）2013 年 1 月 5 日：

借：银行存款　1 800

　贷：其他业务收入　1 800

借：其他业务成本　1 760

　贷：投资性房地产——公允价值变动　60

　　　投资性房地产——成本　1 700

借：其他业务成本　540

　贷：公允价值变动损益　540

第十一章　流动负债习题参考答案

一、单项选择题

1. D　2. B　3. A　4. A　5. A　6. C　7. D　8. B　9. C　10. D　11. A
12. B　13. B　14. A　15. C　16. A　17. B　18. C　19. A　20. C

二、多项选择题

1. BC　2. ABD　3. BCE　4. BCD　5. BCE　6. ABCDE　7. ABCD
8. BC　9. ABCDE　10. AD　11. ABCD　12. ABCD　13. ACD　14. ABC
15. ABC　16. ABD　17. BCD　18. ABC　19. AD　20. ABD

三、判断题

1. ×　2. ×　3. ×　4. √　5. √　6. ×　7. √　8. ×　9. ×　10. √
11. ×　12. √　13. ×　14. ×　15. √　16. ×　17. ×　18. ×　19. ×
20. ×

四、简答题

（略）

五、业务处理题

1. 长江公司相关的会计分录如下：

（1）借款发生时：

借：银行存款　　200 000
　贷：短期借款　　200 000

（2）2012 年 4 月 30 日，计算尚未支付的利息时：

借：财务费用　　1 250
　贷：应付利息　　1 250

（3）到期偿还本息时：

借：短期借款　　200 000
　　应付利息　　6 250
　　财务费用　　1 250
　贷：银行存款　　207 500

2. 惠东公司相关会计分录如下：

（1）购入材料时：

借：原材料　50 000

　应交税费——应交增值税（进项税额）　8 500

　贷：应付账款——A 公司　58 500

（2）8 天后付款时：

借：应付账款——A 公司　58 500

　贷：银行存款　57 500

　　财务费用　1 000

3. 长江公司相关会计分录如下：

（1）购入材料时：

借：原材料　40 000

　应交税费——应交增值税（进项税额）　6 800

　贷：应付账款——A 公司　46 800

（2）1 个月后付款时：

借：应付账款——A 公司　46 800

　贷：银行存款　46 800

4. 长江公司相关会计分录如下：

（1）2012 年 2 月 1 日购入商品时：

借：在途物资　30 000

　应交税费——应交增值税（进项税额）　5 100

　贷：应付票据　35 100

（2）到期付款时：

借：应付票据　35 100

　财务费用　351

　贷：银行存款　35 451

5. 长江公司相关会计分录如下：

（1）2012 年 5 月 1 日购入材料时：

借：原材料　20 000

　应交税费——应交增值税（进项税额）　3 400

　贷：应付票据　23 400

（2）到期付款时：

借：应付票据　23 400

　贷：银行存款　23 400

6. 珠江公司相关会计分录如下：

（1）计算应发工资时：

借：生产成本　130 000

　制造费用　30 000

　管理费用　25 000

在建工程 10 000
销售费用 6 000
研发支出 20 000
贷：应付职工薪酬——工资 221 000

（2）发放工资时：

借：应付职工薪酬——工资 221 000
贷：银行存款 221 000

7. 珠江公司相关会计分录如下：

（1）计算应交社会保险费时：

借：生产成本 13 000
制造费用 3 000
管理费用 2 500
在建工程 1 000
销售费用 600
研发支出 2 000
贷：应付职工薪酬——社会保险费 22 100

（2）实际交纳社会保险费时：

借：应付职工薪酬——社会保险费 22 100
贷：银行存款 22 100

8. 该企业相关会计分录如下：

（1）购入材料时：

借：原材料 7 000 000
应交税费——应交增值税（进项税额） 1 190 000
贷：银行存款 8 190 000

（2）销售产品时：增值税销项税额 = 1 000 × 17% = 170（万元）

借：应收账款 11 700 000
贷：主营业务收入 10 000 000
应交税费——应交增值税（销项税额） 1 700 000

9. 该企业相关会计分录如下：

进项税额 = 200 × 13% = 26（万元）

借：原材料 1 740 000
应交税费——应交增值税（进项税额） 260 000
贷：银行存款 2 000 000

10. 该企业相关会计分录如下：

（1）购进货物时：

借：原材料 1 170 000
贷：应付票据 1 170 000

(2) 销售货物时：

不含税价格 =90 ÷ (1 +6%) =84.91 (万元)

应交增值税 =84.91 ×6% =5.09 (万元)

借：应收账款　900 000

　贷：主营业务收入　849 100

　　　应交税费——应交增值税（销项税额）　50 900

(3) 计算并转出本月应交而未交纳的增值税时：

借：应交税费——应交增值税（转出未交增值税）　50 900

　贷：应交税费——未交增值税　50 900

(4) 交纳上月增值税时：

借：应交税费——未交增值税　40 000

　贷：银行存款　40 000

11. 借：在建工程　70 200

　　　贷：原材料　60 000

　　　　　应交税费——应交增值税（进项税额转出）　10 200

12. 应向购买方收取的增值税额 =10 000 ×20 ×17% =34 000 (元)

应交消费税 =10 000 ×20 ×10% =20 000 (元)

借：应收账款　234 000

　贷：主营业务收入　200 000

　　　应交税费——应交增值税（销项税额）　34 000

借：营业税金及附加　20 000

　贷：应交税费——应交消费税　20 000

借：主营业务成本　160 000

　贷：库存商品　160 000

13. 应交消费税 =300 000 ×5% =15 000 (元)

应交增值税 =300 000 ×17% =51 000 (元)

借：在建工程　286 000

　贷：库存商品　220 000

　　　应交税费——应交消费税　15 000

　　　应交税费——应交增值税（销项税额）　51 000

14. 鸿发公司相关会计分录如下：

(1) 如果委托方鸿发公司收回加工后的材料用于继续生产应税消费品时：

借：委托加工物资　40 000

　贷：原材料　40 000

借：委托加工物资　20 000

　　应交税费——应交消费税　3 000

　　应交税费——应交增值税（进项税额）　3 400

　贷：银行存款　26 400

借：原材料　　60 000
　贷：委托加工物资　　60 000

（2）如果委托方鸿发公司收回加工后的材料直接对外销售：

借：委托加工物资　　40 000
　贷：原材料　　40 000

借：委托加工物资　　23 000
　　应交税费——应交增值税（进项税额）　　3 400
　贷：银行存款　　26 400

借：原材料　　63 000
　贷：委托加工物资　　63 000

15．应交消费税 =100 000 ×20% =20 000（元）

借：营业税金及附加　　20 000
　贷：应交税费———应交消费税　　20 000

16．借：银行存款　　500 000
　　　累计折旧　　150 000
　　贷：固定资产　　550 000
　　　　固定资产清理　　100 000
　借：固定资产清理　　25 000
　　贷：应交税费——应交营业税　　25 000
　借：固定资产清理　　75 000
　　贷：营业外收入　　75 000

17．应交城市维护建设税 =（80 000 +30 000 +40 000）×7% =10 500（元）

应交教育费附加 =（80 000 +30 000 +40 000）×3% =4 500（元）

借：营业税金及附加　　15 000
　贷：应交税费——应交城市维护建设税　　10 500
　　　　　　——应交教育费附加　　4 500

第十二章　非流动负债习题参考答案

一、单项选择题

1. B 2. C 3. A 4. D 5. B 6. D 7. C 8. B 9. A 10. A
11. A 12. A 13. B 14. B 15. B 16. C 17. A 18. D 19. D

二、多项选择题

1. CE 2. AC 3. ABCD 4. ABCDE 5. AC 6. AB 7. ABC
8. BC 9. ABD 10. ABC 11. BE 12. ABC 13. ABDE

三、判断题

1. × 2. × 3. √ 4. × 5. × 6. √ 7. × 8. √ 9. × 10. ×
11. × 12. ×

四、简答题

（略）

五、业务处理题

1.（1）若按照单利计算，本利和 $S=1\ 000\ 000\times(1+4\%\times6)=1\ 240\ 000$（元）

若按照复利计算，本利和 $S=PV(1+i)^n=1\ 000\ 000\times(1+4\%)^6=1\ 000\ 000\times1.265\ 32=1\ 265\ 320$（元）

（2）$PV=S\times(1+i)^{-n}=844\ 262\times(1+5\%)^{-7}=844\ 262\times0.710\ 68=600\ 000$（元）

（3）$S=R\times[(1+i)^n-1]\div i=200\ 000\times[(1+5\%)^8-1]\div5\%=200\ 000\times9.549\ 11=1\ 909\ 822$（元）

（4）$PV=R\times[1-(1+i)^{-n}]\div i=300\ 000\times[1-(1+6\%)^{-4}]\div6\%=300\ 000\times3.465\ 11=1\ 039\ 533$（元）

2.（1）2012 年 1 月 1 日取得长期借款时：

借：银行存款　　500 000

　贷：长期借款——本金　　500 000

（2）2012 年 12 月 31 日，第 1 年年末计息时：

年利息额 $=500\ 000\times8\%=40\ 000$（元）

借：财务费用——利息支出　　40 000

　贷：长期借款　　40 000

(3) 2013 年 12 月 31 日，第 2 年年末计息时：

第 2 年利息额 $=500\ 000\times(1+8\%)^2-500\ 000\times(1+8\%)$

$=500\ 000\times1.166\ 40-500\ 000\times1.08=43\ 200$（元）

借：财务费用——利息支出　　43 200

　贷：长期借款　　43 200

(4) 2014 年 1 月 1 日，到期偿还本息时：

本利和 $=500\ 000\times(1+8\%)^2=583\ 200$（元）

借：长期借款　　583 200

　贷：银行存款　　583 200

3.

某公司债券溢价摊销表

单位：元

付息日期	应付利息	当期利息费用	债券溢价摊销额	债券账面价值
	① = 面值 × 6%	② = 上期④ × 5%	③ = ① − ②	④ = 上期④ − ③
2010.01.01				510 000
2010.12.31	30 000	25 500	4 500	505 500
2011.12.31	30 000	24 500	5 500	500 000
合计	60 000	50 000	10 000	-

(1) 2010 年 1 月 1 日，发行债券时：

借：银行存款　　510 000

　贷：应付债券——面值　　500 000

　　　　　　——利息调整　　10 000

(2) 2010 年、2011 年年末计算应付利息时：

借：财务费用　　30 000

　贷：应付利息　　30 000

(3) 2010 年年末摊销债券溢价时：

借：应付债券——利息调整　　4 500

　贷：财务费用　　4 500

(4) 各年以银行存款支付债券利息时：

借：应付利息　　30 000

　贷：银行存款　　30 000

(5) 2012 年年末摊销债券溢价时：

借：应付债券——利息调整　　5 500

　贷：财务费用　　5 500

(6) 2012 年年末偿还本金时：

借：应付债券——面值　500 000

　贷：银行存款　500 000

4.

某公司债券折价摊销表　单位：元

付息日期	应付利息	当期利息费用	债券折价摊销额	债券账面价值
	①=面值×6%	②=上期④×7%	③=②-①	④=上期④+③
2011.01.01				580 000
2011.12.31	36 000	40 600	4 600	584 600
2012.12.31	36 000	40 922	4 922	589 522
2013.12.31	36 000	46 478	10 478	600 000
合计	108 000	128 000	200 000	—

(1) 2011 年 1 月 1 日，发行债券时：

借：银行存款　580 000

　　应付债券——利息调整　20 000

　贷：应付债券——面值　600 000

(2) 2011 年、2012 年、2013 年年末计算债券应付利息时：

借：在建工程　36 000

　贷：应付利息　36 000

(3) 2011 年年末摊销债券折价时：

借：在建工程　40 600

　贷：应付债券——利息调整　40 600

(4) 2012 年年末摊销债券折价时：

借：在建工程　40 922

　贷：应付债券——利息调整　40 922

(5) 2013 年年末摊销债券折价时：

借：在建工程　46 478

　贷：应付债券——利息调整　46 478

(6) 各年以银行存款支付债券利息时：

借：应付利息　36 000

　贷：银行存款　36 000

(7) 2013 年年末偿还本金时：

借：应付债券——面值　600 000

　贷：银行存款　600 000

5. (1) 从国外引进设备时：

借：在建工程——生产线　4 800 000

贷：长期应付款——补偿贸易引进设备款（美元户） 4 800 000

（2）支付国内运杂费及安装费时：

借：在建工程——生产线 100 000

贷：银行存款 100 000

（3）交付使用时：

借：固定资产——生产用固定资产 4 900 000

贷：在建工程——生产线 4 900 000

（4）每年产品出口销售时：

借：应收账款——通用公司（美元户） 1 600 000

贷：主营业务收入 1 600 000

（5）每年归还引进设备款：

借：长期应付款——补偿贸易引进设备款（美元户） 1 600 000

贷：应收账款——通用公司（美元户） 1 600 000

6. 利息费用资本化金额＝（1 000×5%－500×1%）×10÷12

＝（50－5）×5÷6

＝37.5（万元）

7.（1）2011 年年末：

产品质量保证负债金额＝[（5 000×8 000）×（2%＋4%）÷2]＝1 200 000（元）

借：销售费用 1 200 000

贷：预计负债——产品质量保证 1 200 000

（2）2012 年实际发生维修费：

借：预计负债——产品质量保证 1 000 000

贷：银行存款 1 000 000

（3）2012 年年末冲回 2011 年多估计的预计负债：

借：预计负债 200 000

贷：销售费用 200 000

（4）2012 年新发生的销售业务的预计产品保修费：

产品质量保证负债金额＝50 000 000×（1%＋3%）÷2＝1 000 000（元）

借：销售费用 1 000 000

贷：预计负债——产品质量保证 1 000 000

8. 华通公司在 2012 年 12 月 31 日应确认的负债＝（50＋60）÷2＝55 万元，编制会计分录如下：

借：管理费用——诉讼费 50 000

营业外支出——罚息支出 500 000

贷：预计负债——未决诉讼 550 000

9. 2012 年年末，应作如下会计分录：

借：营业外支出 500 000

贷：预计负债 500 000

10.（1）计算租赁开始日最低租赁付款额的现值，确定租赁资产入账价值：

最低租赁付款额 = 各期租金之和 + 行使优惠购买选择权支付的金额

= 974 871.27 × 12 + 100

= 11 698 555.24（元）

最低租赁付款额现值 = 974 871.27 × PA(12, 2.5%) + 100 × PV(12, 2.5%)

= 974 871.27 × 10.2578 + 100 × 0.7436

= 10 000 108.87(元) > 10 000 000.00(元)

根据孰低原则，租赁资产的入账价值应为资产公允价值 10 000 000 元。

（2）计算未确认融资费用：

未确认融资费用 = 最低租赁付款额 - 租赁开始日租赁资产的入账价值

= 11 698 555.24 - 10 000 000

= 1 698 555.24（元）

（3）租赁资产最终的入账价值 = 资产公允价值 + 初始直接费用

= 10 000 000 + 500 000

= 10 500 000（元）

（4）未确认融资费用在租赁期内各个期间的分摊：

①确定融资费用分摊率

因为，最低租赁付款额现值 = 10 000 108.87 元 ≈ 10 000 000.00 元，所以本例中内涵利率 = 合同利率 = 10%。

②未确认融资费用分摊表

租金期次	租金金额 A	其中：利息 B = D × 2.5%	其中：本金 C = A - B	剩余本金 D
				10 000 000.00
1	974 871.27	250 000.00	724 871.27	9 275 128.73
2	974 871.27	231 878.22	742 993.05	8 532 135.68
3	974 871.27	213 303.39	761 567.88	7 770 567.80
4	974 871.27	194 264.20	780 607.07	6 989 960.73
5	974 871.27	174 749.02	800 122.25	6 189 838.48
6	974 871.27	154 745.96	820 125.31	5 369 713.17
7	974 871.27	134 242.83	840 628.44	4 529 084.73
8	974 871.27	113 227.12	861 644.15	3 667 440.58
9	974 871.27	91 686.01	883 185.26	2 784 255.32
10	974 871.27	69 606.38	905 264.89	1 878 990.43
11	974 871.27	46 974.76	927 896.51	951 093.92
12	974 871.27	23 777.35	951 093.92	0.00
合计	11 698 455.24	1 698 455.24	10 000 000.00	

会计分录如下：

租赁期开始日：

借：固定资产——融资租入固定资产　　10 500 000.00

　　未确认融资费用　　1 698 555.24

　贷：长期应付款——应付融资租赁款　　11 698 555.24

　　　银行存款　　500 000.00

支付第1期租金时：

借：长期应付款——应付融资租赁款　　974 871.27

　贷：银行存款　　974 871.27

借：财务费用　　250 000.00

　贷：未确认融资费用　　250 000.00

假定该设备预计使用年限为10年，在不考虑净残值的情况，采用直线法计提折旧，每年计提的固定资产折旧为1 050 000元：

借：制造费用或其他　　1 050 000

　贷：累计折旧　　1 050 000

租赁期末，以优惠购买该机器的所有权，同时将"融资租入固定资产"转为"自有固定资产"明细科目：

借：长期应付款——应付融资租赁款　　100

　贷：银行存款　　100

借：固定资产——××设备　　10 500 000

　贷：固定资产——融资租入固定资产　　10 500 000

11.（1）应予资本化的利息计算如下：

2011年1月1日至4月30日利息资本化金额 = 1992.69 × 6.2% × 4 ÷ 12 − 10 = 31.18万元

2011年4月30日至2011年8月31日应暂停资本化。

2011年9月1日至12月31日专门借款利息资本化金额 = 1992.69 × 6.2% × 4 ÷ 12 − 4 = 37.18万元

2011年利息资本化金额 = 31.18 + 37.18 = 68.36万元。

（2）① 2011年1月1日取得专门借款：

借：银行存款　　1992.69

　　长期借款——利息调整　　7.31

　贷：长期借款——本金　　2000

②2011年12月31日取得计提利息和取得利息收入：

应确认的利息费用 = 1992.69 × 6.2% = 123.55万元

应确认的利息调整金额 = 123.55 − 2 000 × 6% = 3.55万元

借：在建工程　　68.36

　　财务费用　　51.64

　贷：应付利息　　120

借：财务费用 3.55

贷：长期借款——利息调整 3.55

借：银行存款 26

贷：财务费用 26

或者合并为：

借：银行存款 26

在建工程 68.36

财务费用 29.19

贷：应付利息 （2000×6%）120

长期借款——利息调整 3.55

③2012 年 1 月 1 日支付利息：

借：应付利息 120

贷：银行存款 120

④2012 年 12 月 31 日取得计提利息和取得利息收入：

应确认的利息调整金额 =7.31 −3.55 =3.76 万元

应确认的利息费用 =120 +3.76 =123.76 万元。

借：财务费用 123.76

贷：应付利息 （2 000×6%）120

长期借款——利息调整 3.76

⑤2013 年 1 月 1 日：

借：长期借款——本金 2 000

应付利息 （2 000×6%）120

贷：银行存款 2 120

第十三章　所有者权益习题参考答案

一、单项选择题

1. A　2. D　3. D　4. C　5. A　6. D　7. B　8. C　9. B　10. D
11. C　12. D　13. B　14. D　15. C　16. D

二、多项选择题

1. ABD　2. ABE　3. ABCDE　4. ABE　5. ABC　6. AC　7. CDE
8. ABD　9. ABE　10. ABCDE　11. ACD　12. BCD

三、判断题

1. ×　2. √　3. √　4. √　5. ×　6. √　7. ×　8. ×　9. ×　10. √
11. √　12. √　13. ×　14. √　15. ×

四、简答题

（略）

五、业务处理题

1.（1）借：银行存款	500 000	
贷：实收资本		500 000
（2）借：原材料	300 000	
无形资产	100 000	
贷：实收资本		400 000
（3）借：固定资产	150 000	
贷：实收资本		150 000
2. 借：银行存款	120 000	
贷：实收资本		100 000
资本公积——资本溢价		20 000
3.（1）发行当日：		
借：应收认股款——普通股	160 000 000	
贷：已认股本——普通股		80 000 000
已认资本公积——股本溢价		80 000 000

（2）收到认购款：

借：银行存款　160 000 000

　贷：应收认股款——普通股　160 000 000

借：已认股本——普通股　80 000 000

　　已认资本公积——股本溢价　80 000 000

　贷：股本——普通股　80 000 000

　　　资本公积——股本溢价　80 000 000

4．借：银行存款　7 275 000

　　贷：股本　5 000 000

　　　　资本公积——股本溢价　2 275 000

5．（1）借：利润分配——提取法定盈余公积　600 000

　　　　　　　　——提取任意盈余公积　300 000

　　　贷：盈余公积——法定盈余公积　600 000

　　　　　　　　——任意盈余公积　300 000

（2）宣告分派现金股利时：

借：利润分配　3 000 000

　贷：应付股利　3 000 000

（3）实际分派现金股利时：

借：应付股利　3 000 000

　贷：银行存款　3 000 000

（4）宣告分派股票股利时：

①按面值结转

借：利润分配　9 000 000

　贷：待发股票股利　9 000 000

②按市价结转

借：利润分配　22 500 000

　贷：待发股票股利　9 000 000

　　　资本公积——股本溢价　13 500 000

（5）实际发放股票股利时：

借：待发股票股利　9 000 000

　贷：股本　9 000 000

6．（1）宣告派发现金股利时：

借：交易性金融资产　500 000

　贷：投资收益　500 000

借：利润分配　2 000 000

　贷：应付股利　2 000 000

（2）实际派发财产股利时：

借：应付股利　2 000 000

　贷：交易性金融资产　2 000 000

7.（1）宣告分派当日：

借：利润分配　　10 000 000

　贷：应付股利　　10 000 000

同时，

借：应付股利　　10 000 000

　贷：应付票据　　10 000 000

（3）票据到期支付票据款：

借：应付票据　　10 000 000

　贷：银行存款　　10 000 000

第十四章　收入、费用和利润习题参考答案

一、单项选择

1. A　2. C　3. B　4. B　5. D　6. A　7. A　8. A　9. C　10. D
11. D　12. B　13. B　14. A　15. A　16. A

二、多项选择

1. AC　2. ABD　3. AD　4. BC　5. AC　6. AB　7. ABCDE
8. ACD　9. BC　10. ACD　11. ACD

三、判断题

1. ×　2. √　3. ×　4. ×　5. ×　6. ×　7. √　8. ×　9. ×　10. ×
11. ×

四、简答题

(略)

五、业务处理题

1.（1）发生无形资产研究费用最终应该计入“管理费用”科目；
（2）发生专设销售部门人员工资应该计入“销售费用”科目；
（3）支付的业务招待费应该计入“管理费用”科目；
（4）支付的销售产品保险费应该计入“销售费用”科目；
（5）本月应交纳的城市维护建设税应该计入“营业税金及附加”科目；
（6）计提投资性房地产折旧应该计入“其他业务成本”科目；
（7）支付本月未计提短期借款利息应该计入“财务费用”科目；
企业的期间费用包括销售费用、管理费用和财务费用。
该企业3月份发生的期间费用总额 = 10 + 25 + 15 + 5 + 0.1 = 55.1（万元）。

2.（1）借：应收账款　1 170 000
　　贷：主营业务收入　1 000 000
　　　　应交税费——应交增值税（销项税额）　170 000
　借：主营业务成本　850 000
　　贷：库存商品　850 000

借：银行存款　　1 160 000
　财务费用　　10 000
　贷：应收账款　　1 170 000

（2）借：主营业务收入　　100 000
　应交税费——应交增值税（销项税额）　　17 000
　贷：银行存款　　117 000

（3）借：发出商品　　780 000
　贷：库存商品　　780 000
借：银行存款　　1 170 000
　贷：应交税费——应交增值税（销项税额）　　170 000
　　其他应付款　　1 000 000

每月计提利息时：

每月计提的利息费用 =（1 100 000 − 1 000 000）÷ 5 = 20 000（元）

借：财务费用　　20 000
　贷：其他应付款　　20 000

（4）借：银行存款　　468 000
　应收账款　　936 000
　贷：主营业务收入　　1 200 000
　　应交税费——应交增值税（销项税额）　　204 000
借：主营业务成本　　750 000
　贷：库存商品　　750 000

（5）借：应收账款　　175 500
　贷：主营业务收入　　150 000
　　应交税费——应交增值税（销项税额）　　25 500
借：劳务成本　　200 000
　贷：应付职工薪酬　　200 000
借：主营业务成本　　200 000
　贷：劳务成本　　200 000

（6）借：银行存款　　400 000
　贷：预收账款　　400 000

（7）借：银行存款　　3 510 000
　贷：主营业务收入　　2 250 000
　　递延收益　　750 000
　　应交税费——应交增值税（销项税额）　　510 000
借：主营业务成本　　2 000 000
　贷：库存商品　　2 000 000

（8）借：主营业务收入　　1 000 000
　应交税费——应交增值税（销项税额）　　170 000
　贷：银行存款　　1 160 000

财务费用　　10 000
借：库存商品　　850 000
贷：主营业务成本　　850 000

3.（1）借：委托代销商品　　175 000
贷：库存商品　　175 000

（2）借：应收账款　　234 000
贷：主营业务收入　　200 000
应交税费——应交增值税（销项税额）　　34 000
借：销售费用　　20 000
贷：应收账款　　20 000
借：主营业务成本　　140 000
贷：委托代销商品　　140 000

或：

借：应收账款　　214 000
销售费用　　20 000
贷：主营业务收入　　200 000
应交税费——应交增值税（销项税额）　　34 000
借：主营业务成本　　140 000
贷：委托代销商品　　140 000

（3）借：银行存款　　214 000
贷：应收账款　　214 000

4.（1）本年应交所得税金额 =（300 − 20）×25% = 70（万元）

尚需补交所得税金额 = 70 − 60 = 10（万元）

提取法定盈余公积金和公益金 =（300 − 70）×10% = 23（万元）

应付普通股股利 =（300 − 70）×30% = 69（万元）

未分配利润 = 300 − 70 − 23 ×2 − 69 = 115（万元）

（2）编制相关会计分录如下：

① 借：本年利润　　700 000
贷：所得税费用　　700 000
借：所得税费用　　700 000
贷：应交税费——应交所得税　　700 000

② 借：应交税费——应交所得税　　100 000
贷：银行存款　　100 000

③ 借：利润分配——提取法定盈余公积　　230 000
——提取法定公益金　　230 000
贷：盈余公积——法定盈余公积　　230 000
——法定公益金　　230 000

④ 借：利润分配——应付普通股股利　690 000
　贷：应付股利——普通股股利　690 000

⑤ 借：本年利润　2 300 000
　贷：利润分配——未分配利润　2 300 000

⑥ 借：利润分配——未分配利润　1 150 000
　贷：利润分配——提取法定盈余公积　230 000
　　——提取法定公益金　230 000
　　——应付股利　690 000

“利润分配——未分配利润”科目记录如下：

利润分配——未分配利润

借	贷
23 000	2 300 000
23 000	
69 000	
	年末余额　1 150 000

5. 应交所得税 =（1 000 − 100 + 80 − 20）×25%　= 240（万元）

递延收益 =（80 − 20）×25%　= 15（万元）

利润表中的所得税费用 = 240 − 15 = 225（万元）

第十五章　财务会计报告习题参考答案

一、单项选择题

1. A　2. A　3. A　4. C　5. D　6. B　7. B　8. B　9. C　10. D

二、多项选择题

1. ABDF　2. ABC　3. ABD　4. CD　5. ABC　6. ACD　7. AC
8. BCD　9. AC　10. ABCE

三、判断题

1. ×　2. ×　3. √　4. √　5. ×　6. √　7. √　8. ×　9. ×　10. ×

四、简答题

（略）

五、业务处理题

1. A 公司 2012 年 12 月 31 日资产负债表如下：

资产负债表　　会企 01 表

编制单位：A 公司　　2012 年度　　单位：元

资　产	期末余额	年初余额	负债和所有者权益	期末余额	年初余额
货币资金	274 800	198 000	短期借款	380 000	180 000
交易性金融资产		20 000	应付账款	400 000	410 000
应收票据	60 000	180 000	应付职工薪酬	81 500	60 000
应收账款	358 200	159 200	应交税费	43 800	14 000
存货	376 000	336 000	流动负债合计	905 300	664 000
流动资产合计	1 069 000	893 200	长期借款	344 000	450 000
长期投资	500 000	500 000	非流动负债合计	344 000	450 000
固定资产	891 000	900 000	负债合计	1 249 300	1 114 000
无形资产	192 000	200 000	实收资本	1 100 000	1 100 000
非流动资产合计	1 583 000	1 600 000	资本公积	200 000	200 000
			盈余公积	77 400	65 000
			未分配利润	25 300	14 200
			所有者权益合计	1 402 700	1 379 200
资产总计	2 652 000	2 493 200	负债和所有者权益合计	2 652 000	2 493 200

2. A公司2012年度利润表如下：

利润表

会企02表

编制单位：A公司　　2012年度　　单位：元

项目	上年金额	本年金额
一、营业收入		940 000
减：营业成本		600 000
营业税金及附加		2 000
销售费用		50 000
管理费用		126 000
财务费用	（略）	12 000
加：投资收益		54 000
二、营业利润		204 000
加：营业外收入		16 000
减：营业外支出		28 000
三、利润总额		192 000
减：所得税费用		68 500
四、净利润		123 500
五、每股收益		
（一）基本每股收益	（略）	（略）
（二）稀释每股收益	（略）	（略）

3. 采用工作底稿法编制A公司2012年度现金流量表（直接法）

（1）调整主营业务收入：

借：经营活动现金流量——销售商品、提供劳务收到的现金　804 000

　　应收账款　200 000

　贷：主营营业收入　850 000

　　应交税费——应交增值税（销项税额）　（200 000×17%）34 000

　　应收票据　（180 000－60 000）120 000

（2）调整产品销售成本：

借：主营业务成本　510 000

　　存货　40 000

　　应付款项　10 000

　贷：经营活动现金流量——购买商品、接受劳务支付的现金　560 000

（3）调整本年产品销售税金及附加：

借：主营业务税金及附加　2 000

　贷：经营活动现金流量——支付的各项税费　2 000

（4）调整产品销售费用：

借：销售费用　50 000

贷：经营活动现金流量——支付的其他与经营活动有关的现金　50 000

（5）调整本年管理费用：

借：管理费用　126 000

贷：经营活动现金流量——支付的其他与经营活动有关的现金　126 000

管理费用中包含的不是现金支付的项目，应再分别进行补充调整。

（6）调整本年财务费用：

借：财务费用　12 000

贷：筹资活动现金流量——偿付利息所支付的现金　12 000

（7）调整投资收益：

借：投资活动现金流量——取得投资收益所收到的现金　50 000

贷：投资收益　50 000

借：投资活动现金流量——收回投资收益所收到的现金　24 000

贷：投资收益　4 000

交易性金融资产　20 000

（8）调整所得税：

借：所得税费用　68 500

贷：经营活动现金流量——支付的各项税费　68 500

（9）调整营业外收入：

借：投资活动现金流量——处置固定资产收回的现金　60 000

累计折旧　56 000

贷：营业外收入　16 000

固定资产　100 000

（10）调整营业外支出：

借：投资活动现金流量——处置固定资产收回的现金　5 000

累计折旧　135 000

营业外支出　28 000

贷：固定资产　168 000

（11）调整固定资产：

借：固定资产　138 000

贷：投资活动现金流量——购建固定资产所支付的现金　138 000

（12）分析调整坏账准备：

借：经营活动现金流量——销售商品收到的现金　1 000

贷：坏账准备　1 000

计提坏账准备时都已列入管理费用，而管理费用已全额记入“经营活动现金流量”（第5笔调整分录），因此需要从“支付的现金”中“扣除”调整出来。

（13）调整本期计提的折旧：

借：经营活动现金流量——购买商品支付的现金　50 000

——支付的其他与经营活动有关的现金　20 000

贷：累计折旧　70 000

(14) 调整无形资产:

借：经营活动现金流量——支付的其他与经营活动有关的现金 8 000

贷：无形资产（累计摊销） 8 000

(15) 调整短期借款:

借：筹资活动现金流量——借款所收到的现金 200 000

贷：短期借款 200 000

(16) 调整应付工资:

借：应付职工薪酬——应付工资 221 500

贷：经营活动现金流量——支付给职工以及为职工支付的现金 221 500

借：经营活动现金流量——购买商品、接受劳务支付的现金 150 000

——支付的其他与经营活动有关的现金 71 500

贷：应付职工薪酬——应付工资 221 500

(17) 调整应付福利费:

借：经营活动现金流量——购买商品、接受劳务支付的现金 17 000

——支付的其他与经营活动有关的现金 4 500

贷：应付职工薪酬——应付福利费 21 500

(18) 调整应交税费:

应交税费 =85×17% -3.4 =11.05（万元）

借：经营活动现金流量——购买商品、接受劳务收到的现金 110 500

贷：应交税费 110 500

支付的税金 =85×17% +4.38 -1.4 =11.47（万元）

借：应交税费 114 700

贷：经营活动现金流量——支付的各项税费 114 700

(19) 调整长期借款:

借：长期借款 106 000

贷：筹资活动现金流量——偿还债务所支付的现金 106 000

(20) 调整支付的现金股利:

借：未分配利润 100 000

贷：应付股利 100 000

借：应付股利 100 000

贷：筹资活动现金流量——分配股利、偿付利息支付的现金 100 000

(21) 结转净利润:

借：净利润 123 500

贷：未分配利润 123 500

(22) 提取盈余公积:

借：未分配利润 12 400

贷：盈余公积 12 400

（23）最后调整现金净变化额：

借：现金　　76 800

　贷：现金净增加额　　（93 800 + 1 000 − 18 000）76 800

将调整分录过入工作底稿的相应部分。“现金流量表工作底稿”的格式与过入调整分录如下表所示：

现金流量表工作底稿

位：元

项 目	期初数	调整分录		期末数
		借方	贷方	
一、资产负债项目				
货币资金	198 000	（23）76 800		274 000
交易性金融资产	20 000		（7）20 000	
应收票据	180 000		（1）120 000	60 000
应收账款	159 200	（1）200 000	（12）1 000	358 200
存货	336 000	（2）40 000		376 000
长期投资	500 000			50 000
固定资产	1200 000	（11）138 000	（9）100 000	1070 000
			（10）168 000	
无形资产	200 000		（14）8 000	192 000
资产总计	2793 200			2 831 000
累计折旧	300 000	（9）56 000	（13）70 000	179 000
		（10）135 000		
短期借款	180 000		（15）200 000	380 000
应付账款	410 000	（2）10 000		400 000
预收款项		（16）221 500	（16）221 500	81 500
应付职工薪酬	60 000		（17）21 500	
		（18）114 700	（1）34 000	43 800
未缴税金	14 000		（18）110 500	
长期借款	450 000	（19）106 000		344 000
实收资本（或股本）	1100 000			1 100 000
资本公积	200 000			20 000
盈余公积	65 000		（22）12 400	77 400
未分配利润	14 200	（20）100 000	（21）123 500	25 300
		（22）12 400		
负债及股东权益合计	2 793 200			2 831 000
				本期数
二、利润表项目				
营业收入			（1）850 000	850 000

（续）

项 目	期初数	调整分录		期末数
		借方	贷方	
营业成本		（2）510 000		510 000
营业税金及附加		（4）2 000		2 000
销售费用		（3）50 000		50 000
管理费用		（5）126 000		126 000
财务费用		（6）12 000		12 000
投资收益			（7）54 000	54 000
营业外收入			（9）16 000	16 000
营业外支出		（10）28 000		28 000
所得税费用		（8）68 500		68 500
净利润		（21）123 500		123 500
				本期数
三、现金流量表项目				
（一）经营活动产生的现金流量				
销售商品、提供劳务收到的现金		（1）804 000		804 000
		（18）110 500		110 500
现金流入小计				914 500
购买商品、接受劳务支付的现金		（13）50 000	（2）560 000	343 000
		（16）150 000		
		（17）17 000		
支付给职工以及为职工支付的现金			（16）221 500	221 500
支付的各项税费			（18）114 700	114 700
			（8）68 500	68 500
			（4）2 000	2 000
支付的其他与经营活动有关的现金		（12）1 000	（3）50 000	51 000
			（5）126 000	
		（13）20 000		
		（14）8 000		
		（16）71 500		
		（17）4 500		
现金流出的小计				820 700
经营活动产生的现金流量净额				93 800
（二）投资活动产生的现金流量				
收回投资收到的现金		（7）24 000		24 000
取得投资收益所收到的现金		（7）50 000		50 000

（续）

项 目	期初数	调整分录		期末数
		借方	贷方	
处置固定资产、无形资产和其他长期投资所收到的现金净额		（9）60 000		65 000
		（10）5 000		
现金流入小计				139 000
购建固定资产、无形资产和其他长期资产支付的现金			（11）138 000	138 000
现金流出小计				138 000
投资活动产生的现金流量净额				1 000
（三）筹资活动产生的现金流量				
取得借款收到的现金		（15）200 000		200 000
现金流入小计				200 000
偿还债务所支付的现金			（19）106 000	106 000
分配股利、偿付利息所支付的现金			（20）100 000	100 000
			（6）12 000	12 000
现金流出小计				218 000
筹资活动产生的现金流量净额				-18 000
（四）现金及现金等价物净增加额			（23）76 800	76 800
调整分录借贷合计		3 705 900	3 705 900	

核对调整分录，借方、贷方合计数均应相等，资产负债表项目期初数加减调整分录中的借贷金额后，也应等于期末数。

根据工作底稿中的现金流量表项目数据，可直接填制正式现金流量表如下表所示。

现金流量表

会企 03 表

编制单位：A 公司　　　　2012 年度　　　　单位：元

项目	金额
一、经营活动产生的现金流量	
销售商品、提供劳务收到的现金	914 500
收到的税费返还	0
现金流入合计	914 500
购买商品、接受劳务支付的现金	363 000
支付给职工以及为职工支付的现金	221 500
支付的各项税费	185 200
支付的其他与经营活动有关的现金	51 000
现金流出小计	820 700
经营活动产生的现金流量净额	93 800

项目	金额
二、投资活动产生的现金流量	
收回投资所收到的现金	24 000
取得投资收益所收到的现金	50 000
处置固定资产、无形资产和其他长期资产所收回的现金净额	65 000
现金流入小计	139 000
购建固定资产、无形资产和其他长期资产所支付的现金	138 000
现金流出小计	138 000
投资活动产生的现金流量净额	1 000
三、筹资活动产生的现金流量	
取得借款所收到的现金	200 000
现金流入小计	200 000
偿还债务所支付的现金	106 000
分配股利、利润或偿付利息所支付的现金	112 000
支付的其他与筹资活动有关的现金	0
现金流出小计	218 000
筹资活动产生的现金流量净额	−18 000
四、现金及现金等价物净增加额	76 800

第十六章　财务报表分析习题参考答案

一、单项选择题

1. B　2. A　3. D　4. C　5. C　6. A　7. B　8. D　9. D　10. D
11. B　12. B

二、多项选择题

1. ABCDE　2. ABCDE　3. ADE　4. BDE　5. ACDE　6. ABCD
7. ABCDE　8. CD

三、判断题

1. ×　2. ×　3. √　4. ×　5. √　6. ×　7. √　8. √

四、简答题

（略）

五、业务处理题

根据财务报表中的资料，计算如下：

（1）流动比率、速动比率、资产负债率

流动比率 = 流动资产 ÷ 流动负债 = 12 790 ÷ 5 830 × 100% = 2.19%

速动比率 =（流动资产 - 存货 - 待摊费用）÷ 流动负债 =（12 790 - 2 820 - 80）÷ 5 830 × 100% = 1.696%

资产负债率 = 负债总额 ÷ 资产总额 =（5 830 + 1 615）÷ 20 850 × 100% = 35.71%

（2）应收账款周转率、存货周转率、流动资产周转率、总资产周转率；

应收账款周转率 = 销售收入 ÷ 平均应收账款 = 49 000 ÷ [（3 500 + 3 885）÷ 2] = 13.27（次）

应收账款周转天数 = 360 天 ÷ 应收账款周转次数 = 360 ÷ 13.27 = 27.13（天）

存货周转率 = 销售成本 ÷ 平均存货 = 27 500 ÷ [（2 610 + 2 820）÷ 2] = 10.13（次）

存货周转天数 = 平均存货 × 360 天 ÷ 销货成本 = [（2 610 + 2 820）÷ 2 × 360] ÷ 27 500 = 35.54（天）

流动资产周转率 = 销售收入 ÷ 平均流动资产 = 49 000 ÷ [（10 110 + 12 790）÷ 2] = 4.28（次）

总资产周转率 = 销售收入 ÷ 平均资产总额 = 49 000 ÷ [(16 900 + 20 850) ÷ 2] = 2.596≈2.60(次)

(3)销售毛利率、销售净利率、资产净利率

销售毛利率 = (销售收入 - 销售成本) ÷ 销售收入 = 销售毛利 ÷ 销售收入 = (49 000 - 27 500) ÷ 49 000 × 100% = 43.88%

销售净利率 = 净利润 ÷ 销售收入 = 9 965 ÷ 49 000 × 100% = 20.336 7% ≈20.34%

资产净利率 = 净利润 ÷ 平均资产总额 = 9 965 ÷ [(16 900 + 20 850) ÷ 2] × 100% = 52.79%